Das große Quizbuch Bibel

Das große Quizbuch Bibel

benno

Erarbeitet von Uta und Dieter Bernecker

Die Deutsche Bibliothek – CIP-Einheitsaufnahme
Die Deutsche Bibliothek verzeichnet diese Publikation
in der Deutschen Nationalbibliografie; detaillierte
bibliografische Daten sind im Internet
über http://dnb.ddb.de abrufbar.

ISBN 3-7462-2025-4

Stammerstr. 11, 04159 Leipzig
www.st-benno.de
Gestaltung: Ulrike Vetter, Leipzig
unter Verwendung eines Bildes
von Peter Santor, Karlsruhe
Gesamtherstellung: Arnold & Domnick, Leipzig

Inhaltsverzeichnis

Vorwort

Liebe Leserinnen und Leser,

noch immer hat das Quiz nichts von seinem Reiz verloren. Noch immer fiebert bei Quizsendungen nicht nur der Kandidat, sondern auch ein treues Fernsehpublikum.
Jede Unterrichtsstunde wird zum Volltreffer, die mit einem Quizspiel das Wissen prüft. Der Wert einer Geburtstagsfeier steigt, wenn zu den kulinarischen Genüssen unterhaltsame Quiz-Leckerbissen gereicht werden. Ein Gemeindeabend erhält das gewisse Extra, wenn das Thema mit einem Quiz abgerundet wird. Und winkt am Ende ein Preis, freut man sich schon aufs nächste Quiz.
In dem *Großen Quizbuch Bibel* haben Sie im ersten Teil einen Fundus an Fragen und im zweiten Teil die ausführlich erläuterten Antworten, einem Bibellexikon gleich, mit dem Sie jede Quizrunde meistern können. Der Bibelkundige, genauso wie der Bibelneugierige, wird staunen über die Fülle an Wissen, die sich hinter bekannten und unbekannten Geschichten verbirgt.
Sie können das *Große Quizbuch Bibel* zu Ihrem ganz persönlichen Wissenstest nutzen. Dabei ist es ganz gleich, ob Sie alle 490 Fragen hintereinander beantworten oder ob Sie sich eine Schwierigkeitsstufe und eine Ihrer Spezialstrecken auswählen. Wenn Sie die Menschen der Bibel interessieren, dann haben Sie gleich drei Kapitel zur Auswahl. Sollten Sie Wissen abfragen wollen über die geografischen Orte, an denen sich biblische Geschichte ereignet hat, dann finden Sie hier Gelegenheit dazu. Der Tier- und Pflanzenfreund wird staunen, wie viel Wissenswertes er in der Bibel über die Fauna und Flora erfährt. Wer die poetische Seite der Bibel mag, kommt ebenfalls auf seine Kosten. Auch allen Fragen zur biblischen Lebenswelt, zum Aufbau und zum Druck der Bibel können Sie nachgehen.
Und wer es bis jetzt noch nicht wusste, der wird spätestens nach der Lektüre des *Großen Quizbuch Bibel* bestätigen können, dass die Bibel eine wahre Fundgrube für Quizfragen ist, mit denen sich manche Quizrunde bestreiten lässt, ganz gleich wo und mit wem. Denn … noch immer hat das Quiz nichts von seinem Reiz verloren, ebenso wenig wie die Bibel.

Die Herausgeber

1 **Was schuf Gott zuerst?**

a Himmel und Erde
b Tag und Nacht
c Sonne und Mond
d Tier und Mensch

2 **Wie viel Nachkommen verheißt Gott Abraham?**

a so viel wie Sterne am Himmel
b so viel wie Wasser im Meer
c so viel wie Sand in der Wüste
d so viel wie Gras auf den Weiden

3 **Was ließ der Herr vom Himmel regnen, um Sodom und Gomorra zu zerstören?**

a Pech und Schwefel
b Schwefel und Feuer
c Blitz und Donner
d Eis und Hagel

4 **Welche Farbe hatte das Gericht, für das Esau sein Erstgeburtsrecht an Jakob verkaufte?**

a Rot
b Gelb
c Grün
d Schwarz

5 **Welchen neuen Namen erhielt Jakob, nachdem er am Fluss Jabbok mit Gott gekämpft hatte?**

a Gad
b Juda
c Israel
d Ruben

6 **Wie hieß der jüngste Sohn Jakobs?**

- **a** Dan
- **b** Gad
- **c** Simeon
- **d** Benjamin

7 **Wie wurde Josef, der Träumer, von seinen Brüdern aus dem Weg geschafft?**

- **a** Sie schickten ihn auf Reisen.
- **b** Sie hielten ihn gefangen.
- **c** Sie verkauften ihn.
- **d** Sie töteten ihn.

8 **Wie viele Plagen schickte Gott den Ägyptern, bis der Pharao das Volk Israel ziehen ließ?**

- **a** 2
- **b** 4
- **c** 5
- **d** 10

9 **Wie hieß die wunderbare Speise, die die Israeliten täglich in der Wüste fanden?**

- **a** Manna
- **b** Koriander
- **c** Kalmus
- **d** Curcuma

10 **Was tat Jona auf dem Schiff, als ein gewaltiger Sturm ausbrach?**

- **a** Ihm wurde schlecht.
- **b** Er half an Deck.
- **c** Er betete.
- **d** Er schlief.

11 **Was erhielt Abraham von Melchisedek, dem König von Sodom?**

- **a** Gold und Silber
- **b** Ziegen und Kamele
- **c** Brot und Wein
- **d** Hirse und Wasser

12 **Welchen Beruf übte Rahel aus, als Jakob sie am Brunnen traf?**

- **a** Bäckerin
- **b** Erntehelferin
- **c** Hirtin
- **d** Salbenmischerin

13 **Wovon handelte ein Traum, den Josef seinem Vater und seinen Brüdern erzählte?**

- **a** von Bauern, Hirten und 11 Schafen
- **b** von Sonne, Mond und 11 Sternen
- **c** von Krone, Zepter und 11 Städten
- **d** von König, Königin und 11 Prinzen

14 **Was war die Stiftshütte?**

- **a** eine Holzhütte
- **b** ein Zelt
- **c** eine Erdhöhle
- **d** ein Steinhaus

15 **Wo war David, als er zum König gesalbt werden sollte?**

- **a** beim Schafehüten
- **b** auf der Bärenjagd
- **c** beim Musizieren
- **d** beim Mittagessen

16 **Wie hieß der Sohn Abrahams und der ägyptischen Sklavin Hagar?**

- a Israel
- b Ismael
- c Isaak
- d Ittai

17 **Wer stellte mit Rätselfragen König Salomo auf die Probe?**

- a die Königin von Saba
- b der Pharao aus Ägypten
- c die Königinmutter Batseba
- d der Priester Asarja

18 **Was mussten die Bauleute unter Nehemia beim Wiederaufbau der Jerusalemer Mauern tragen?**

- a Arbeitskleidung
- b Arbeitsschuhe
- c Schutzhelme
- d Waffen

19 **Wie hieß der weibliche Wüstendämon, den Jesaja beim Gericht über Edom ankündigte?**

- a Oni
- b Lilit
- c Yeti
- d Jini

20 **Was wird nach einer Prophezeiung Jesajas im Friedensreich Gottes aus den Schwertern gemacht?**

- a Wagenräder
- b Messer und Gabeln
- c Pflugscharen
- d Stühle

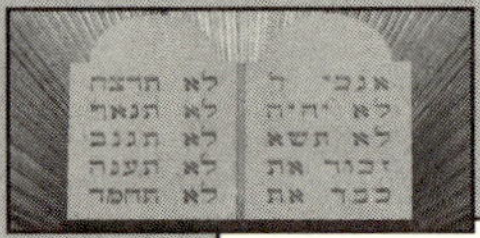

21 **Wie hieß die Urgroßmutter von König David?**

a Rut
b Sara
c Rahel
d Rebekka

22 **Wer versperrte dem Seher Bileam und seiner klugen Eselin den Weg?**

a ein Engel
b eine Herde wilder Esel
c Moabiter
d Israeliten

23 **Welche Zeremonie machte Saul zum König?**

a Königseid
b Krönung
c Thronbesteigung
d Salbung

24 **Welchen Namen trug der Sohn König Sauls?**

a Nahum
b Jakob
c Josef
d Jonatan

25 **Wie hieß die Frau, die David während seiner Zeit als Freischärler heiratete?**

a Maacha
b Egla
c Abigajil
d Michal

26 **Was tat die kinderlose Sara, als sie hörte, dass sie ein Kind bekommen würde?**

- **a** Sie freute sich.
- **b** Sie weinte.
- **c** Sie tanzte.
- **d** Sie lachte.

27 **Was machte der Eroberer Jerusalems, Nebukadnezzar II., mit dem Tempel Salomos?**

- **a** Er vergrößerte ihn.
- **b** Er ließ ihn unverändert.
- **c** Er ließ ihn abbauen.
- **d** Er brannte ihn nieder.

28 **Wie hieß der Ort, wo die Israeliten während der Wüstenwanderung die Gesetzestafeln aufbewahrten?**

- **a** Heiligenschrein
- **b** Gesetzeskasten
- **c** Bundeslade
- **d** Heiliger Gral

29 **Was machte Jona im Bauch des Fisches?**

- **a** Er schlief.
- **b** Er betete.
- **c** Er weinte.
- **d** Er klagte.

30 **Welcher Prophet forderte den König Zidkija auf, sich dem König von Babel zu ergeben?**

- **a** Jeremia
- **b** Elija
- **c** Amos
- **d** Micha

31 **Welches Opfer brachte Abel Gott dar?**

- **a** Früchte des Feldes
- **b** Tieropfer
- **c** Rauchopfer
- **d** Weinopfer

32 **Womit beauftragte Abraham seine Frau Sara, als er Besuch von drei Männern bekam?**

- **a** Wasser zu holen
- **b** Wein einzuschenken
- **c** Brot zu backen
- **d** Essen zuzubereiten

33 **Was baute Noach, der als Ackerbauer bezeichnet wird, nach der Sintflut an?**

- **a** einen Granatapfelgarten
- **b** eine Bananenplantage
- **c** einen Weinberg
- **d** einen Olivenhain

34 **Wer wird als Verfasser des Buches der Sprichwörter angesehen?**

- **a** David
- **b** Salomo
- **c** Kohelet
- **d** Sirach

35 **Was schenkte Jakob als Zeichen seiner Liebe seinem Sohn Josef?**

- **a** ein Kamelfüllen
- **b** eine Ziege
- **c** ein Festtagsgewand
- **d** einen Goldring

36 **Was wurde über die persische Königin Waschti berichtet?**
- **a** Sie befolgte den Befehl des Königs.
- **b** Sie weigerte sich, vor den König zu treten.
- **c** Sie badete gern in Eselsmilch.
- **d** Sie ging immer früh zu Bett.

37 **Was tat die Moabiterin Rut auf dem Feld des Boas?**
- **a** Acker pflügen
- **b** Getreide säen
- **c** Unkraut jäten
- **d** Ähren auflesen

38 **Was war der Grund dafür, dass Hanna ihren Sohn Samuel als kleines Kind zum Dienst im Tempel brachte?**
- **a** eine Ausbildung
- **b** eine Wette
- **c** ein Gelübde
- **d** ein Stipendium

39 **Wie hieß der Ort der Verbannung, den der Prophet Jeremia voraussagte?**
- **a** Lydien
- **b** Ägypten
- **c** Babylonien
- **d** Persien

40 **Wie wird die Geliebte im Hohen Lied der Liebe besungen?**
- **a** als Orchidee auf Bergwiesen
- **b** als Tulpe im Garten
- **c** als Lilie unter Disteln
- **d** als Palme in einer Oase

41 **Wie verließen Adam und Eva das Paradies?**

- **a** nackt
- **b** mit einem Feigenblatt
- **c** mit Röcken
- **d** mit einem Zelt

42 **Welche der Frauen zählt nicht zu den Prophetinnen des Volkes Israel?**

- **a** Mirjam
- **b** Batseba
- **c** Debora
- **d** Hulda

43 **Was war Jakobs »Kopfkissen«, als er von der »Himmelsleiter« träumte?**

- **a** ein Stein
- **b** eine Hirtentasche
- **c** ein Gewand
- **d** ein Fell

44 **Welches Tier schickte Noach zuerst auf Erkundungsflug aus der Arche?**

- **a** Möwe
- **b** Rabe
- **c** Taube
- **d** Adler

45 **Wie hießen die beiden Frauen Jakobs?**

- **a** Lea und Rahel
- **b** Dina und Tamar
- **c** Schifra und Pua
- **d** Ester und Judit

46 **Welchen Beruf übte Potifar aus, der Josef von den Midianitern kaufte?**

a Obermundschenk
b Oberbäcker
c Oberster der Leibwache
d Priester

47 **Wie hießen die beiden hebräischen Hebammen zur Zeit der Geburt des Mose?**

a Rahel und Rebekka
b Schifra und Pua
c Debora und Jael
d Phöbe und Priska

48 **Wie hieß die Prophetin, die nach dem Durchzug durch das Schilfmeer ein Loblied anstimmte?**

a Mirjam
b Sara
c Rahel
d Rebekka

49 **Was fordern die Ältesten Israels vom Propheten Samuel?**

a eine Amnestie
b einen König
c einen Feiertag
d einen Steuererlass

50 **Wie lange dauerte die Bauzeit des salomonischen Tempels?**

a 7 Wochen
b 1 Jahr
c 3 Jahre
d 7 Jahre

51 **Warum zog Abraham nach Ägypten?**

- **a** Er hatte Streit mit seinem Neffen Lot.
- **b** Es gab eine Hungersnot in Kanaan.
- **c** Er wollte Verwandte besuchen.
- **d** Er bekam eine Einladung vom Pharao.

52 **Was tat Bileam, als König Balak ihm befahl, Israel zu verfluchen?**

- **a** Er verfluchte Israel.
- **b** Er segnete Israel.
- **c** Er verlor seine Sprache.
- **d** Er lief davon.

53 **Wie viele Frauen überlebten in Noachs Arche die Sintflut?**

- **a** 1
- **b** 2
- **c** 3
- **d** 4

54 **Wie stellte Abraham seine Frau Sara den Ägyptern vor?**

- **a** als seine Frau
- **b** als seine Schwester
- **c** als seine Tochter
- **d** als seine Sklavin

55 **Wie hießen die Söhne Josefs, die seine Frau Asenat gebar?**

- **a** Manasse und Efraim
- **b** Esau und Jakob
- **c** David und Jonatan
- **d** Perez und Serach

56 **Gott sprach mit Mose durch einen brennenden Dornbusch. Was verlangte er von Mose?**

a den Kopf zu bedecken
b die Augen zu schließen
c sich auf den Boden zu werfen
d die Schuhe auszuziehen

57 **Womit war die Lostasche am Priestergewand Aarons besetzt?**

a mit 12 Edelsteinen
b mit 12 Goldplatten
c mit 12 Silberbändern
d mit 12 Muscheln

58 **Wie hieß die Frau, die Simsons Geheimnis seiner Kraft an die Philister verriet?**

a Debora
b Diana
c Dina
d Delila

59 **Wodurch sprach Gott zu dem Propheten Elija?**

a durch einen Sturm
b durch ein sanftes, leises Säuseln
c durch ein Erdbeben
d durch ein Feuer

60 **Wie lange blieb Jona im Bauch des Fisches?**

a 1 Tag und 1 Nacht
b 3 Tage und 3 Nächte
c 1 Woche
b 1 Monat

61 **Welche Bedeutung hat der Name Set, den Adam und Eva ihrem dritten Sohn gaben?**

- **a** einsetzen
- **b** schenken
- **c** erfreuen
- **d** erdulden

62 **Nimrod wird in der Bibel als »erster Held auf der Erde« bezeichnet. Was war er von Beruf?**

- **a** Soldat
- **b** Jäger
- **c** Offizier
- **d** General

63 **Was verwendeten die Turmbauer von Babel als Mörtel für ihren Ziegelbau?**

- **a** Kalkmörtel
- **b** Zementmörtel
- **c** Wespenmörtel
- **d** Erdpech

64 **Was tat Abraham, als er seine Frau zum zweiten Mal als seine Schwester ausgab?**

- **a** Er log.
- **b** Er sagte die Wahrheit.
- **c** Er erzählte Märchen.
- **d** Er fantasierte.

65 **Warum wurde Salomo von David als Nachfolger unter seinen Söhnen ausgewählt?**

- **a** weil er klug war
- **b** weil er schön war
- **c** weil er stark war
- **d** weil seine Mutter es wollte

66 **Wie viele Töchter hatte der Patriarch Jakob neben seinen 12 Söhnen?**
- **a** 1
- **b** 2
- **c** 3
- **d** 4

67 **Wie viele Steine steckte David vor dem Kampf gegen Goliat in seine Hirtentasche?**
- **a** 1
- **b** 2
- **c** 5
- **d** 10

68 **Von wem kommt der Spruch: »Ich aber und mein Haus, wir wollen dem Herrn dienen«?**
- **a** Abraham
- **b** Mose
- **c** Josua
- **d** Kornelius

69 **Mit welchem Gegenstand weist der Prophet Jeremia auf die Gefangenschaft seines Volkes hin?**
- **a** mit einem hölzernen Joch
- **b** mit einer eisernen Kette
- **c** mit zerrissener Kleidung
- **d** mit einem zerbrochenen Schwert

70 **Welche Speisen nahm Daniel während seiner Erziehung am babylonischen Königshof ein?**
- **a** Brot und Wasser
- **b** Gemüse und Wasser
- **c** Fisch und Wein
- **d** Speisen des Hofes

1 **Was opferten Maria und Josef nach der Geburt Jesu im Tempel?**

a 2 Sperlinge
b 2 Tauben
c 2 Lämmer
d 2 Ziegenböcklein

2 **Wie viele Körbe Brote blieben nach der Speisung der Fünftausend noch übrig?**

a 1
b 6
c 12
d 24

3 **Wie hieß das Gotteshaus, in dem Jesus oft predigte?**

a Synagoge
b Moschee
c Kirche
d Dom

4 **Wie hießen die zwei Schwestern, die Jesus besuchte?**

a Maria und Magdalena
b Maria und Marta
c Elisabet und Johanna
d Elisabet und Veronika

5 **Wen lobte Jesus wegen eines großzügigen Geldopfers?**

a den reichen Bauern
b den reichen Jüngling
c die arme Witwe
d die tüchtige Hausfrau

6 **Wie lange war Jesus in der Wüste?**

- **a** 3 Tage
- **b** 12 Tage
- **c** 40 Tage
- **d** 60 Tage

7 **Was tat Jesus während eines gewaltigen Sturmes auf dem See Gennesaret?**

- **a** er betete
- **b** er lehrte
- **c** er half
- **d** er schlief

8 **Wen wollten die Jünger nicht zu Jesus lassen?**

- **a** Alte
- **b** Kinder
- **c** Blinde und Lahme
- **d** Pharisäer

9 **Wo erklärte der Auferstandene den Emmausjüngern die Schrift?**

- **a** am leeren Grab
- **b** auf dem Weg
- **c** beim Abendessen
- **d** in einer Herberge

10 **Worum würfelten die römischen Soldaten unterm Kreuz?**

- **a** um Jesu Sandalen
- **b** um Jesu Tasche
- **c** um Jesu Kleider
- **d** um Jesu Wanderstab

11 **Wer begleitete Jesus auf der Hochzeit zu Kana?**

- **a** Maria Magdalena
- **b** Mutter Maria
- **c** Vater Josef
- **d** Johannes der Täufer

12 **Wie hieß der Statthalter von Syrien zur Zeit der Geburt Jesu?**

- **a** Titus
- **b** Quirinius
- **c** Felix
- **d** Festus

13 **Wann gaben Maria und Josef ihrem Kind den Namen Jesus?**

- **a** am Tag der Beschneidung
- **b** bei seiner Taufe
- **c** bei seiner Geburt
- **d** Weihnachten

14 **Welches Tier wurde für das Paschamahl zubereitet?**

- **a** Widder
- **b** Lamm
- **c** Fisch
- **d** Ochse

15 **Mit wem unterhielt sich der 12-jährige Jesus im Tempel?**

- **a** mit Pilgern
- **b** mit Priestern
- **c** mit Leviten
- **d** mit Lehrern

16 **Wozu forderte Jesus die Jünger auf, die die Ersten sein wollten?**

- **a** zum Predigen
- **b** zum Heilen
- **c** zum Dienen
- **d** zum Meditieren

17 **Was wollte Petrus auf dem Berg der Verklärung bauen?**

- **a** einen Tempel
- **b** ein Zelt
- **c** zwei Häuser
- **d** drei Hütten

18 **Wie wurde Jesus von Johannes dem Täufer beschrieben?**

- **a** Gottes Lamm
- **b** Friedenskönig
- **c** Stimme in der Wüste
- **d** Gott-Vater

19 **Was wollte Jesus aus den Fischern Petrus und Andreas machen?**

- **a** Schriftgelehrte
- **b** Evangelisten
- **c** Priester
- **d** Menschenfischer

20 **In welcher Stadt kündigte der Engel Maria die Geburt Jesu an?**

- **a** in Nazaret
- **b** in Betlehem
- **c** in Jerusalem
- **d** in Jericho

21 **Welches Beispiel zum Gebot der Nächstenliebe gab Jesus nicht?**

- **a** gebt euren Mantel
- **b** geht zwei Meilen mit
- **c** leistet keinen Widerstand
- **d** lasst euch töten

22 **Wie hieß der römische Kaiser, der zur Zeit der Geburt Jesu regierte?**

- **a** Cäsar
- **b** Titus
- **c** Domitian
- **d** Augustus

23 **Wie wurde der Apostel Thomas noch genannt?**

- **a** Feuersohn
- **b** Donnersohn
- **c** Erstgeborener
- **d** Zwilling

24 **Wie lange blieb Maria bei ihrer Verwandten Elisabet?**

- **a** 3 Tage
- **b** 1 Woche
- **c** 3 Monate
- **d** 1 Jahr

25 **Wie alt war Jesus, als er zu predigen begann?**

- **a** 18
- **b** 21
- **c** 30
- **d** 33

26 **Wie halfen vier Freunde einem Gelähmten, zu Jesus zu kommen?**

a Sie fuhren über einen See.
b Sie stiegen auf einen Berg.
c Sie durchbrachen ein Dach.
d Sie kämpften sich durch die Menschenmenge.

27 **Wo verbrachte Jesus seine Jugendzeit?**

a Jerusalem
b Betlehem
c Tiberias
d Nazaret

28 **Wie hieß der Bruder von Marta und Maria?**

a Lazarus
b Markus
c Titus
d Jakobus

29 **Was riefen die Leute, als Jesus in Jerusalem einzog?**

a Hosanna
b Halleluja
c Hosea
d Hoch, hoch

30 **Wer schickte die Weisen aus dem Morgenland nach Betlehem?**

a Engel
b Hirten
c Hohepriester
d König Herodes

31 **Wann gingen die Frauen zum Grab, um Jesus zu salben?**

- **a** Samstagabend
- **b** Samstagnacht
- **c** Sonntagmorgen
- **d** Sonntagabend

32 **Womit trocknete Maria, die Schwester des Lazarus, Jesu Füße?**

- **a** Handtuch
- **b** Kopftuch
- **c** Haar
- **d** Kleid

33 **Zu welchem Fest zog der 12-jährige Jesus mit seinen Eltern nach Jerusalem?**

- **a** Purim
- **b** Laubhüttenfest
- **c** Paschafest
- **d** Jom Kippur

34 **Worum bat Jesus seine Jünger im Garten Getsemani?**

- **a** zu reden
- **b** zuzuhören
- **c** wach zu bleiben
- **d** zu schlafen

35 **Wovon heilte Jesus die Schwiegermutter des Petrus?**

- **a** Fieber
- **b** Gicht
- **c** Blindheit
- **d** Epilepsie

36 **Wie hieß der Jünger, der von Beruf Zöllner war?**
- **a** Jakobus
- **b** Thaddäus
- **c** Bartholomäus
- **d** Matthäus

37 **Was sollten die Jünger mitnehmen, um das Reich Gottes zu verkünden?**
- **a** Stab und Tasche
- **b** Brot und Geld
- **c** Schwert und Messer
- **d** gar nichts

38 **Wie bezeichnete Pilatus Jesus?**
- **a** politischer Rebell
- **b** Menschensohn
- **c** König der Juden
- **d** Hohepriester

39 **Wie hieß der Bruder des Jüngers Johannes?**
- **a** Thomas
- **b** Andreas
- **c** Jakobus
- **d** Philippus

40 **Welches Erkennungsmerkmal trug der Mann, der den Jüngern den Abendmahlssaal zeigte?**
- **a** einen Wasserkrug
- **b** einen Turban
- **c** einen Umhang
- **d** eine Schriftrolle

41 **Wo fand die Salbung Jesu durch Maria, die Schwester des Lazarus, statt?**

- a Jerusalem
- b Nazaret
- c Betanien
- d Betlehem

42 **Wessen Bildnis war auf einer Denar-Münze abgebildet, die Jesus sehen wollte?**

- a Hohepriester
- b Tetrarch
- c König
- d Kaiser

43 **Aus welcher Familie stammte Josef, der Mann der Maria?**

- a David
- b Levi
- c Ruben
- d Mose

44 **Wie hieß der Blinde, den Jesus in Jericho heilte?**

- a Bartholomäus
- b Bartimäus
- c Timäus
- d Thaddäus

45 **In welche Tiere trieb Jesus die Dämonen bei der Heilung des Besessenen in Gerasa?**

- a Schweine
- b Ziegen
- c Schafe
- d Kühe

46 **Wohin gingen die Jünger nach der Himmelfahrt Jesu?**

- **a** nach Hause
- **b** nach Galiläa
- **c** nach Jerusalem
- **d** zum Berg der Verklärung

47 **Was sagte Jesus zu der Ehebrecherin?**

- **a** Ich vergebe dir.
- **b** Ich verdamme dich nicht.
- **c** Geh und sündige nicht mehr.
- **d** Bring dein Leben in Ordnung.

48 **In welcher Stadt heilte Jesus die meisten Menschen?**

- **a** Nazaret
- **b** Jerusalem
- **c** Kafarnaum
- **d** Betlehem

49 **Wer sah zuerst, dass der Stein vom Grab weg war?**

- **a** Petrus
- **b** Johannes
- **c** Maria, seine Mutter
- **d** Maria aus Magdala

50 **Wer begleitete Jesus noch außer seinen Jüngern?**

- **a** Pharisäer
- **b** Kinder
- **c** Frauen
- **d** Händler

51 **Was sagte Simon Petrus zu Jesus nach dem ersten erfolgreichen Fischfang mit ihm auf dem See Gennesaret?**

- **a** Bleibe bei uns.
- **b** Geh weg von mir.
- **c** Ich gehe mit dir.
- **d** Komm in mein Haus.

52 **Welches landwirtschaftliche Gerät spielte in einer Aussage Jesu über die Nachfolge eine Rolle?**

- **a** Hacke
- **b** Traktor
- **c** Egge
- **d** Pflug

53 **Wer sagte über Jesus: »Was kann aus Nazaret Gutes kommen?«**

- **a** Philippus
- **b** Natanael
- **c** Andreas
- **d** Zebedäus

54 **Wem sollte sich der von Jesus geheilte Aussätzige zeigen?**

- **a** den Jüngern
- **b** dem Priester
- **c** dem Arzt
- **d** seiner Familie

55 **Wohin fuhren die Jünger, als Jesus zu ihnen übers Wasser kam?**

- **a** Betsaida
- **b** Tiberias
- **c** Magdala
- **d** Charozim

56 **Was tat Jesus, als er auf seiner letzten Reise Jerusalem sah?**

- **a** Er sang.
- **b** Er betete.
- **c** Er schimpfte.
- **d** Er weinte.

57 **Mit welcher Bitte kamen Jakobus und Johannes zu Jesus?**

- **a** neben Jesus zu sitzen
- **b** Fischer zu werden
- **c** Wanderprediger zu werden
- **d** Thoraschreiber zu werden

58 **Womit war der Saal für das große Abendmahl ausgestattet?**

- **a** mit Bänken
- **b** mit Stühlen
- **c** mit Teppichen
- **d** mit Polstern

59 **Wie ging der reiche junge Mann, der Jesus nach dem ewigen Leben fragte, von ihm fort?**

- **a** froh
- **b** singend
- **c** traurig
- **d** weinend

60 **Was wollte um Mitternacht der »bittende Freund« im gleichnamigen Gleichnis?**

- **a** eine Übernachtung
- **b** Feuer
- **c** 3 Brote
- **d** eine Flasche Wein

61 **Wie viel war das Öl wert, das Maria, die Schwester des Lazarus, zur Salbung Jesu benutzte?**

- **a** 300 Denare
- **b** 900 Denare
- **c** 100 Schekel
- **d** 1 Talent Silber

62 **Welche Bewohner einer Gegend verweigerten Jesus die Gastfreundschaft?**

- **a** Ismaeliter
- **b** Samaritaner
- **c** Benjaminiter
- **d** Kanaaniter

63 **Wie viele andere Jünger sandte Jesus zu zweit aus?**

- **a** 24
- **b** 40
- **c** 72
- **d** 99

64 **Wer unterstützte Jesus beim Gebet im Garten Getsemani?**

- **a** ein Engel
- **b** Petrus und Johannes
- **c** seine Mutter
- **d** die 12 Jünger

65 **Wohin setzte sich Jesus, um die Opferbereitschaft der Tempelbesucher zu beobachten?**

- **a** an die Tempeltür
- **b** dem Opferkasten gegenüber
- **c** vor das Allerheiligste
- **d** an die Tempelmauer

66 **Wie hieß der Pharisäer, mit dem Jesus ein philosophisches Nachtgespräch führte?**

a Nahum
b Amos
c Nikodemus
d Nikuatan

67 **Womit begann der Evangelist Matthäus den Stammbau Jesu?**

a mit Adam
b mit Abraham
c mit Salomo
d mit Josef

68 **Zu welcher Jahreszeit feierte Jesus das Lichterfest der Tempelweihe?**

a Frühling
b Sommer
c Herbst
d Winter

69 **Wer warnte Pontius Pilatus vor der Verurteilung Jesu?**

a König Herodes
b sein Berater
c seine Frau
d Hohepriester

70 **Was reichte der Auferstandene den Jüngern am See von Tiberias?**

a Brot und Wein
b Brot und Salz
c Brot und Fleisch
d Brot und Fisch

1 **Wie hieß der erste Heide, den der Apostel Petrus in Cäsarea taufte?**
- **a** Kornelius
- **b** Festus
- **c** Tiberius
- **d** Klaudius

2 **Was taten Paulus und Silas, als sie in der Nacht im Gefängnis saßen?**
- **a** Sie weinten und klagten.
- **b** Sie schliefen.
- **c** Sie diskutierten.
- **d** Sie beteten und sangen.

3 **Wie beschreibt Johannes den Glanz des himmlischen Jerusalems?**
- **a** wie Edelstein
- **b** wie Glas
- **c** wie Perlmutt
- **d** wie Elfenbein

4 **Was bezeichnet Paulus als höchste Gnadengabe?**
- **a** prophetische Rede
- **b** Glaubenskraft
- **c** Freigiebigkeit
- **d** Liebe

5 **Wie bezeichnete sich Paulus selbst?**
- **a** als berufener Apostel
- **b** als dienender Bruder
- **c** als leitender Bischof
- **d** als fürsorgender Pastor

6 **Was war der entscheidende Einschnitt im Leben des späteren Apostels Paulus?**

- **a** die Steinigung des Stephanus
- **b** die Berufung vor Damaskus
- **c** die Taufe
- **d** das Gespräch mit Petrus

7 **Was war die Ursache dafür, dass sich die Gefängnistüren für Paulus und Silas öffneten?**

- **a** eine Amnestie
- **b** eine Revolte
- **c** ein Erdbeben
- **d** ein Sturm

8 **Wie hieß der Apostel, der als erster Märtyrer unter dem Schwert starb?**

- **a** Johannes
- **b** Jakobus der Ältere
- **c** Petrus
- **d** Paulus

9 **Was war der Grund für den Fenstersturz des Jungen Eutychus?**

- **a** Er war herumgeklettert.
- **b** Er war eingeschlafen.
- **c** Er hatte sich hinausgelehnt.
- **d** Er wurde geschubst.

10 **Welches Buch der Bibel berichtet ausführlich über die Missionsreisen des Apostels Paulus?**

- **a** die Apostelgeschichte
- **b** der Apostelbrief
- **c** der Paulusbrief
- **d** das Paulusevangelium

11 **Was war Lukas, der Verfasser der Apostelgeschichte, von Beruf?**

a Silberschmied
b Arzt
c Lehrer
d Priester

12 **Welchen Beruf übte der Äthiopier aus, der sich auf seiner Heimreise von Philippus taufen ließ?**

a General
b Innenminister
c Kämmerer
d Außenminister

13 **Welches ist der älteste erhaltene Brief des Paulus?**

a der 1. Petrusbrief
b der Römerbrief
c der 1. Thessalonicherbrief
d der 1. Johannesbrief

14 **Wer war Titus, an den Paulus einen Brief schrieb?**

a sein Sohn
b sein Neffe
c sein Bischof
d sein Mitarbeiter

15 **Was empfiehlt Paulus dem Timotheus wegen dessen kranken Magens?**

a Wasser
b Tee
c Bier
d Wein

16 **Welches Handwerk übte Paulus aus?**

a Kupferschmied
b Gewürzmischer
c Brunnenbauer
d Zeltmacher

17 **Womit traten Paulus und Barnabas in Attalia die Heimfahrt von ihrer ersten Missionsreise an?**

a mit den Pferd
b mit der Karawane
c mit dem Schiff
d zu Fuß

18 **Was war der Beruf der Witwe Tabita, die von Petrus wieder zum Leben erweckt wurde?**

a Lehrerin
b Schneiderin
c Schäferin
d Verkäuferin

19 **Wie heißen die Schriften der Offenbarung, die Johannes an sieben Gemeinden in Kleinasien schickt?**

a Eilschreiben
b Sendschreiben
c Drohschreiben
d Glückwunschschreiben

20 **Was geschah mit Paulus vor den Toren Damaskus?**

a Er wurde blind.
b Er wurde taub.
c Er wurde stumm.
d Er wurde gelähmt.

21 **Wer wurde nach Jesu Himmelfahrt zum Apostel gewählt?**

- **a** Matthias
- **b** Josef
- **c** Justus
- **d** Barsabbas

22 **Wer hielt die erste Pfingstpredigt in Jerusalem?**

- **a** Paulus
- **b** Petrus
- **c** Andreas
- **d** Johannes

23 **Welches Wunder bewirkten Petrus und Johannes an einem Tempeltor?**

- **a** Sprachenwunder
- **b** Naturwunder
- **c** Heilungswunder
- **d** Schauwunder

24 **Wen schickte der Hauptmann Kornelius nach Joppe, um Petrus in sein Haus zu bitten?**

- **a** seinen ältesten Sohn
- **b** seine Frau
- **c** einen Soldaten
- **d** seinen Vater

25 **Wie hieß der Missionar, der einem reisenden Beamten aus Äthiopien das Evangelium erklärte?**

- **a** Prochorus
- **b** Parmenas
- **c** Timon
- **d** Philippus

26 **Welchen Weg nutzte Paulus, um von Milet nach Tyrus zu kommen?**
- **a** einen Umweg
- **b** den Luftweg
- **c** den Landweg
- **d** den Seeweg

27 **Wie hieß die Landschaft, in die Paulus seinen Galaterbrief schickte?**
- **a** Gallien
- **b** Galatien
- **c** Galizien
- **d** Gallus

28 **Welches europäische Land plante Paulus noch zu bereisen?**
- **a** Frankreich
- **b** Spanien
- **c** England
- **d** Polen

29 **Wie hieß der König, vor dem sich Paulus selbst verteidigte?**
- **a** Herodes Agrippa II.
- **b** David
- **c** Herodes Antipas
- **d** Darius

30 **Wo wurde Paulus getauft?**
- **a** in Jerusalem
- **b** in Damaskus
- **c** in Antiochia
- **d** in Rom

31 **Wo trafen sich, nach dem Bericht des Lukas, die ersten Christen?**

a in der Kirche
b auf dem Ölberg
c im Tempel
d bei Maria und Marta

32 **Was war der Anlass für Unstimmigkeiten unter der rasch anwachsenden Zahl der Christen in Jerusalem?**

a Essensverteilung unter den Witwen
b Platzmangel im Tempel
c Bevorzugung der Reichen
d Bezahlung der Apostel

33 **Auf welchem Weg verließ Paulus heimlich die Stadt Damaskus?**

a über die Stadtmauer
b durch einen Tunnel
c durch einen Kanal
d durch das Stadttor

34 **Wohin gingen Paulus und Silas in Thessalonich um zu predigen?**

a in die Synagoge
b in den Tempel
c auf den Marktplatz
d in den Hafen

35 **Warum musste Petrus vor der Gemeinde in Jerusalem Rechenschaft ablegen?**

a weil er einen Heiden getauft hatte
b weil er im Tempel predigte
c weil er seine Schwiegermutter besuchte
d weil er Missionare aussandte

36 **Wo lebte Paulus während der ersten zwei Jahre seines Romaufenthaltes?**

- **a** in einer Mietswohnung
- **b** im Palast des Kaisers
- **c** im Gefängnis
- **d** in der Kaserne

37 **Wer wird in der Bibel als erste Christin Europas erwähnt?**

- **a** Loretta
- **b** Ludmilla
- **c** Lydia
- **d** Larissa

38 **Wie hieß ein Mitarbeiter des Paulus auf dessen zweiter Missionsreise?**

- **a** Kornelius
- **b** Timotheus
- **c** Tiberius
- **d** Justus

39 **Welche griechische Göttin hatte in Ephesus ein berühmtes Heiligtum?**

- **a** Athene
- **b** Artemis
- **c** Helene
- **d** Herieth

40 **Zur Unterstützung welcher Gemeinde sammelte Paulus Geld ein?**

- **a** Cäsarea
- **b** Jerusalem
- **c** Antiochia
- **d** Troas

41 **In welcher Stadt hielt Paulus auf dem Areopag eine feurige Rede?**
- **a** Ephesus
- **b** Athen
- **c** Korinth
- **d** Troas

42 **Welcher Gruppierung gehörte Paulus in seiner jüdischen Vergangenheit an?**
- **a** den Sadduzäern
- **b** den Pharisäern
- **c** den Essenern
- **d** den Galiläern

43 **Welche Insel besuchte Paulus auf seiner ersten Missionsreise?**
- **a** Rhodos
- **b** Zypern
- **c** Kreta
- **d** Lesbos

44 **Wie hieß die Frau, die nach Paulus' Rede auf dem Areopag gläubig wurde?**
- **a** Johanna
- **b** Lydia
- **c** Damaris
- **d** Dagmar

45 **Wer oder was schränkte das Wirken des Apostels Paulus ein?**
- **a** seine Frau
- **b** seine Kinder
- **c** eine Krankheit
- **d** König Herodes der Große

46 **Was war der Grund für die Trennung von Paulus und Barnabas?**

- **a** eine Krankheit
- **b** eine andere Aufgabe
- **c** eine Frau
- **d** ein Streit

47 **An welchem Ort trafen sich die Bürger von Ephesus nach dem Aufruhr der Silberschmiede gegen Paulus?**

- **a** auf dem Marktplatz
- **b** in der Bibliothek
- **c** im Theater
- **d** im Stadion

48 **Wer wurde nach Barnabas der neue Mitarbeiter von Paulus?**

- **a** Silas
- **b** Judas
- **c** Petrus
- **d** Jakobus

49 **Wen beauftragte Paulus, den vergessenen Mantel aus Troas mit nach Rom zu bringen?**

- **a** Barnabas
- **b** Silas
- **c** Timotheus
- **d** Justus

50 **Mit welchem Bild vergleicht der Apostel Paulus im Römerbrief das Volk Israel?**

- **a** Weinstock
- **b** Ölbaum
- **c** vierfältiger Acker
- **d** verborgener Schatz

51 **Wie hieß Paulus' Lehrer in Jerusalem?**
- **a** Nikodemus
- **b** Philippus
- **c** Gamaliel
- **d** Kaiphas

52 **Wozu forderte Paulus die Mannschaft während des Schiffsunglückes vor Malta auf?**
- **a** zu beten
- **b** zu bereuen
- **c** zu fasten
- **d** zu essen

53 **Wer segelte am Ende der zweiten Missionsreise zusammen mit Paulus nach Syrien?**
- **a** Maria und Martha
- **b** Rufus und Andreas
- **c** Aquila und Priszilla
- **d** Jakobus und Johannes

54 **Was bewirkte Paulus in Ephesus bei denen, die vormals Zauberei betrieben hatten?**
- **a** Sie stifteten eine Kirche.
- **b** Sie zahlten ein Bußgeld.
- **c** Sie ließen sich kahl scheren.
- **d** Sie verbrannten die Zauberbücher.

55 **Wo hielt Paulus seine große Abschiedsrede, bevor er zum letzten Mal nach Jerusalem reiste?**
- **a** in Ephesus
- **b** in Troas
- **c** in Milet
- **d** in Korinth

56 **Was überlebte Paulus bei seinem Aufenthalt auf Malta?**

- **a** eine Choleraepidemie
- **b** ein Gewitter
- **c** einen Vipernbiss
- **d** eine Lungenentzündung

57 **Welcher Streitpunkt war der Anlass zum Apostelkonzil in Jerusalem?**

- **a** die Kleidung
- **b** der Gottesdienst
- **c** die Taufe
- **d** die Beschneidung

58 **Wem diktierte Paulus seinen Brief an die Römer?**

- **a** der Sekretärin Therese
- **b** dem Sekretär Tertius
- **c** dem Gefängnisaufseher Tulius
- **d** dem Gemeindeältesten Tramon

59 **An wen schickte Paulus seinen kürzesten Brief?**

- **a** an Petrus
- **b** an Timotheus
- **c** an Titus
- **d** an Philemon

60 **Wie heißt der Mann, der mit der »Taufe des Johannes« taufte?**

- **a** Apollos
- **b** Silas
- **c** Petrus
- **d** Markus

61 **Was tat Paulus während seiner zweiten Reise auf Grund eines Gelübdes?**

- **a** Er scherte seinen Kopf kahl.
- **b** Er fastete 40 Tage.
- **c** Er trank nichts.
- **d** Er lief nur barfuß.

62 **Wie viele »echte« Paulus-Briefe befinden sich im Neuen Testament?**

- **a** 3
- **b** 4
- **c** 7
- **d** 12

63 **Zu welchem Stamm Israels rechnet sich die Familie des Paulus?**

- **a** Benjamin
- **b** Ruben
- **c** Juda
- **d** Gad

64 **Wer bezeichnete die Anhänger Christi zum ersten Mal als »Christen«?**

- **a** der Kaiser in Rom
- **b** die Urgemeinde in Jerusalem
- **c** die Heiden in Antiochia
- **d** die jüdischen Schriftgelehrten

65 **Welcher Vertreter der Jerusalemer Urgemeinde suchte Paulus in Tarsus auf?**

- **a** Thomas
- **b** Johannes
- **c** Petrus
- **d** Barnabas

66 **Wie hieß die fürsorgende Frau in der Gemeinde von Kenchreä?**

a Petullia
b Phöbe
c Paradisa
d Pamphylia

67 **Welcher Verwandte des Paulus vereitelte einen Anschlag auf den festgenommenen Paulus in Jerusalem?**

a Bruder
b Neffe
c Nichte
d Onkel

68 **Welcher der Briefe wurde nicht von Paulus geschrieben?**

a Römerbrief
b Hebräerbrief
c Galaterbrief
d Philipperbrief

69 **Wie viel römische Kaiser erlebte Paulus?**

a 1
b 2
c 5
d 6

70 **In welchem Apostelbrief wird das Leben von Abraham, Sara und Isaak sowie von Jakob und seinen Söhnen aus dem Glauben heraus betrachtet?**

a im Hebräerbrief
b im Römerbrief
c im 1. Johannesbrief
d im 1. Korintherbrief

1 Was suchte eine Frau in einem Gleichnis?

- **a** ihre Tochter
- **b** ihren Sohn
- **c** eine Drachme-Münze
- **d** ihr Portemonnaie

2 Von welchem Tier soll der Faule lernen?

- **a** von der Ameise
- **b** von der Hummel
- **c** vom Löwen
- **d** vom Hasen

3 Was tat ein Kaufmann im Gleichnis Jesu, um eine Perle erwerben zu können?

- **a** Er handelte den Preis herunter.
- **b** Er borgte sich Geld.
- **c** Er nahm einen Kredit bei seiner Bank.
- **d** Er verkaufte alles, was er hatte.

4 Wie soll man dem Armen laut Jesus Sirach begegnen?

- **a** mit tiefer Verachtung
- **b** mit freundlichem Gruß
- **c** mit etwas Mitleid
- **d** mit großer Distanz

5 Was sagte Jesus über sich aus?

- **a** »Ich bin dic Kirchc.«
- **b** »Ich bin die Pforte.«
- **c** »Ich bin das Haus.«
- **d** »Ich bin die Tür.«

6 **Wie viel Lohn erhielt im Gleichnis Jesu der Arbeiter, den der Weinbergbesitzer zuletzt anwarb?**

a so viel wie der erste Arbeiter
b die Hälfte
c ein Viertel
d gar nichts

7 **Was verschafft laut eines Sprichworts ein heiteres Gesicht?**

a eine neue Frisur
b ein gutes Make-up
c ein fröhliches Herz
d ein klarer Spiegel

8 **Worauf baute der kluge Mann in Jesu Gleichnis sein Haus?**

a auf Erde
b auf Sand
c auf Fels
d auf Wasser

9 **Was bewirkt laut Jesus Sirach die Sorge um den Reichtum?**

a Ehelosigkeit
b Schlaflosigkeit
c Schamlosigkeit
d Sorglosigkeit

10 **Wohin fiel die Saat im Gleichnis vom Sämann nicht?**

a auf den Weg
b auf felsigen Boden
c unter Feigenbäume
d unter die Dornen

11 **Was tat der Vater bei der Rückkehr des verlorenen Sohnes?**
- **a** Er jagte ihn fort.
- **b** Er schickte ihn zu den Knechten.
- **c** Er schrie ihn an.
- **d** Er feierte ein Fest.

12 **Was erhöht laut eines Sprichworts ein Volk?**
- **a** Reichtum
- **b** Gerechtigkeit
- **c** Frieden
- **d** Einigkeit

13 **Was kann dem passieren, der eine Grube gräbt?**
- **a** Er kann hineinfallen.
- **b** Er kann darüber springen.
- **c** Er kann sich verletzen.
- **d** Er kann ermüden.

14 **Was heitert nach Aussage des Schreibers des Buchs der Sprichwörter auf?**
- **a** ein Glas Wein
- **b** ein netter Besuch
- **c** ein gutes Wort
- **d** ein Lottogewinn

15 **Was deckt laut eines Sprichworts alle Vergehen zu?**
- **a** Glaube
- **b** Gerechtigkeit
- **c** Liebe
- **d** Hoffnung

16 **Wohin sollte Jesu Gleichnis zufolge neuer Wein abgefüllt werden?**
- **a** in neue Fässer
- **b** in neue Schläuche
- **c** in neue Krüge
- **d** in neue Flaschen

17 **Wie soll man laut Kohelet sein Brot essen?**
- **a** hastig
- **b** gierig
- **c** hungrig
- **d** freudig

18 **Als was soll man graues Haar ansehen?**
- **a** als Krone
- **b** als Schande
- **c** als Beleidigung
- **d** als Verlust

19 **Was erregt nach Meinung des Dichters der Sprüche ein hitziger Mensch?**
- **a** Frohsinn
- **b** Freude
- **c** Zank
- **d** Leichtigkeit

20 **Womit soll Gott in Psalm 150 gelobt werden?**
- **a** mit Pauken und Tanz
- **b** mit Orgel und Trompete
- **c** mit Geige und Cello
- **d** mit Klarinette und Gitarre

21 **Wie weit reicht Gottes Güte?**

- **a** so hoch die Berge sind
- **b** so hoch die Sonne steht
- **c** so weit das Auge blickt
- **d** so weit der Himmel ist

22 **Wer ist nach dem Buch der Weisheit die Meisterin aller Dinge?**

- **a** die Weisheit
- **b** die Ehefrau
- **c** die Lehrerin
- **d** die Kunst

23 **Was soll heilsam für den Körper sein?**

- **a** frische Luft
- **b** viel Arznei
- **c** genügend Kuren
- **d** freundliche Worte

24 **Was hat man laut Jesus Sirach von einem nicht überladenen Magen?**

- **a** einen gesunden Schlaf
- **b** einen vollen Schrank
- **c** eine gefüllte Kühltruhe
- **d** ein pralles Portemonnaie

25 **Was bewirkt Fleiß nach einer Aussage im Buch der Sprichwörter?**

- **a** Müdigkeit
- **b** Kopfschmerzen
- **c** Reichtum
- **d** Ehre

26 **Was ermöglicht laut Kohelet gutes Essen und Trinken?**
- **a** ein Restaurant
- **b** eine Frau
- **c** das Geld
- **d** ein Kühlschrank

27 **Wann können Pläne scheitern?**
- **a** ohne Beratung
- **b** ohne Papier
- **c** ohne Drucker
- **d** ohne Chef

28 **Was vergaßen im Gleichnis Jesu die 5 törichten Jungfrauen auf dem Weg zur Hochzeit?**
- **a** die Lampen
- **b** das Öl für die Lampen
- **c** die Streichhölzer
- **d** die Hochzeitsgeschenke

29 **Von welchem reichen Mann erzählte Jesus ein Gleichnis?**
- **a** Zöllner
- **b** Kornbauer
- **c** Geldwechsler
- **d** König

30 **Womit vergleicht Johannes das neue Jerusalem?**
- **a** mit einer geschmückten Braut
- **b** mit einem blühenden Feld
- **c** mit einem Korb voll Granatäpfel
- **d** mit einem goldenen Schloss

31 **Womit vergleicht der Sänger von Psalm 119 Gottes Wort?**

- **a** mit einer Fackel
- **b** mit einer Leuchte
- **c** mit einem Leuchtturm
- **d** mit einem Lagerfeuer

32 **Wie erbarmt sich Gott über die, die ihn fürchten?**

- **a** wie ein Vater
- **b** wie ein Hirte
- **c** wie ein Priester
- **d** wie ein milder Richter

33 **Mit wem soll laut Kohelet ein Mann alle Tage seines Lebens genießen?**

- **a** mit seiner Mutter
- **b** mit seiner Frau
- **c** mit seinen Kindern
- **d** mit seinen Freunden

34 **Wie heißt das Buch, in dem der Dichter die Verlassenheit und Zerstörung Jerusalems besingt?**

- **a** Psalter
- **b** Klagelieder
- **c** Wehe
- **d** Kohelet

35 **Welches biblische Geschehen verbirgt sich hinter der Redewendung »zur Salzsäule erstarren«?**

- **a** der Beginn der Sintflut
- **b** das Ende der Welt
- **c** der Untergang Jerusalems
- **d** die Vernichtung Sodoms

36 **Was geschieht dem Faulen, der noch ein bisschen schlafen und schlummern will?**

a Die Armut kommt zu ihm.
b Er wird über Nacht reich.
c Ein Dieb kommt in sein Haus.
d Er wird dick und fett.

37 **Was könnte der König, der sich betrinkt, vergessen?**

a seine Königin
b sich selbst
c seine Untertanen
d seine Pflicht

38 **Wie hießen die Sänger in biblischer Zeit, die in Liedern die Toten besangen?**

a Totensänger
b Klagefrauen
c Trauerweiber
d Klagegeister

39 **Als was bezeichnete sich Jesus nicht?**

a als Weinstock
b als Salz der Erde
c als Brot des Lebens
d als Weg

40 **Womit wird im Hebräerbrief das Leben eines Christen verglichen?**

a mit einem Krieg
b mit einem Hausbau
c mit einem Wettkampf
d mit einem Bauernleben

41 **Was sollen die Wallfahrer Jerusalem wünschen?**
- **a** schönes Wetter
- **b** Wohlstand
- **c** Glück
- **d** Frieden

42 **Was bezeichnet Jesus Sirach als die Krone der Weisheit?**
- **a** die Intelligenz
- **b** die Gottesfurcht
- **c** die Demut
- **d** die Sanftmut

43 **Was soll man laut Kohelet jederzeit tragen?**
- **a** frische Kleider
- **b** saubere Strümpfe
- **c** neue Schuhe
- **d** alte Hüte

44 **Wovor soll man laut Kohelet seinen Körper schützen?**
- **a** vor Kälte
- **b** vor Krankheit
- **c** vor Wasser
- **d** vor Wind

45 **Was sollte man laut Jesus Sirach nicht mit einem Schwätzer machen?**
- **a** sich amüsieren
- **b** sich verheiraten
- **c** sich zanken
- **d** sich betrinken

46 **Wie viele Psalmen gibt es im Buch der Psalmen?**

a 50
b 100
c 120
d 150

47 **Was geschieht dem, der auf seinen Reichtum vertraut?**

a Er wird immer reicher.
b Er wird fallen.
c Er wird sicher leben.
d Er wird von Gott belohnt.

48 **Was wird denen verheißen, die mit Tränen säen?**

a Sie werden mit Tränen ernten.
b Sie werden nichts ernten.
c Sie werden mit Jubel ernten.
d Sie werden Steine ernten.

49 **Was ist sprichwörtlich besser als Streit?**

a eine Frau und Wein
b Kinder und Urlaub
c ein Haus und viele Gäste
d trockenes Brot und Ruhe

50 **Was verhieß Jesus in der Seligpreisung denen, die weinen?**

a Sie werden lachen.
b Sie werden getröstet.
c Sie werden satt.
d Sie werden singen.

51 **Mit wem oder was vergleicht der Psalmist den Mann, der Freude an der Weisung des Herrn hat?**

- **a** mit einem Land
- **b** mit einem König
- **c** mit einer Blume
- **d** mit einem Baum

52 **Wer soll im Psalm 96 über den Herrn und König der Welt jubeln?**

- **a** die Vögel
- **b** die Fische
- **c** die Bäume
- **d** die Blumen

53 **Wer leidet laut des Buchs der Sprichwörter keinen Mangel?**

- **a** der fleißig arbeitet
- **b** der fleißig spart
- **c** der gibt
- **d** der nimmt

54 **Über wen wurde das »salomonische Urteil« gesprochen?**

- **a** über zwei Söhne
- **b** über ein Kind
- **c** über ein Land
- **d** über zwei Könige

55 **Von wem wird berichtet, dass sie »ein Herz und eine Seele« waren?**

- **a** von der ersten Gemeinde in Jerusalem
- **b** von der heiligen Familie
- **c** von Adam und Eva
- **d** von den Geliebten im Hohelied

56 **Was soll laut Jesus Sirach der machen, der nicht antworten kann?**

- **a** abwinken
- **b** schweigen
- **c** weggehen
- **d** sich herausreden

57 **Was dämmt laut Kohelet die Bosheit ein?**

- **a** Belobigung
- **b** Ignoranz
- **c** Strafe
- **d** Toleranz

58 **Wodurch wird Streit hervorgerufen?**

- **a** durch Bitterkeit
- **b** durch Hass
- **c** durch Ironie
- **d** durch Langeweile

59 **Wem ist etwas »wie Schuppen von den Augen gefallen«?**

- **a** Hiob (Ijob)
- **b** Paulus
- **c** den drei Weisen
- **d** den Jüngern

60 **Wann besingt der Psalmbeter Gottes Huld und Treue?**

- **a** am Morgen und in den Nächten
- **b** im Angesicht der Feinde
- **c** beim Anblick des Sonnenaufgangs
- **d** beim Anblick des Sternenzeltes

61 **Womit vergleicht der Psalmist die Sonne?**

- **a** mit einem Bräutigam
- **b** mit einem Prinzen
- **c** mit einem Stier
- **d** mit einem Feuer

62 **Was bekommen laut Kohelet die Worte eines gebildeten Menschen?**

- **a** Beifall
- **b** Ablehnung
- **c** Kritik
- **d** Widerspruch

63 **Woher stammt der Ausspruch »Es gibt nichts Neues unter der Sonne«?**

- **a** aus der Schöpfungsgeschichte
- **b** aus der Jona-Geschichte
- **c** aus dem Buch Kohelet
- **d** aus den Psalmen

64 **Was soll man laut Jesus Sirach vor dem Tadeln tun?**

- **a** schweigen
- **b** singen
- **c** loben
- **d** prüfen

65 **Wozu ist der Faule laut eines Sprichworts zu träge?**

- **a** zum Reden
- **b** zum Arbeiten
- **c** zum Essen
- **d** zum Aufstehen

66 **Womit wird das Herz des Menschen in einem Sprichwort verglichen?**

- **a** mit einer Mördergrube
- **b** mit einem See
- **c** mit einem Feuer
- **d** mit einem Spiegel

67 **Mit welchem Instrument begleitete Mirjam, die Schwester des Moses, ihr Lied nach der Rettung am Schilfmeer?**

- **a** Harfe
- **b** Flöte
- **c** Dudelsack
- **d** Pauke

68 **Wer stellte den Rechtsgrundsatz »Auge um Auge, Zahn um Zahn« auf?**

- **a** Gott
- **b** Mose
- **c** Jesaja
- **d** Jesus

69 **Wer gab König Lemuël Ratschläge, wie er sein Amt zu führen habe?**

- **a** sein Vater
- **b** seine Mutter
- **c** sein Lehrer
- **d** sein Vorgänger

70 **Wer sprach vom »Buch mit den sieben Siegeln«?**

- **a** Johannes
- **b** Jesus
- **c** Paulus
- **d** Petrus

1 **Von welchem Baum nahmen Adam und Eva Blätter, um ihre Nacktheit zu bedecken?**

- **a** von der Dattelpalme
- **b** vom Wallnussbaum
- **c** vom Granatapfelbaum
- **d** vom Feigenbaum

2 **Aus welcher Hülsenfrucht bestand das Gericht, das sich Jakob gekocht hatte?**

- **a** aus Linsen
- **b** aus Bohnen
- **c** aus Erbsen
- **d** aus Kichererbsen

3 **Gegen welche Tiere musste David kämpfen, als er noch die Schafe seines Vaters hütete?**

- **a** gegen Schlangen und Krokodile
- **b** gegen Tiger und Leoparden
- **c** gegen Drachen und Greifen
- **d** gegen Löwen und Bären

4 **Was verheißt Jesaja denen, die dem Herrn vertrauen?**

- **a** Flügel wie Adler
- **b** Kraft eines Tigers
- **c** Stärke eines Elefanten
- **d** Schnelligkeit eines Pferdes

5 **Welche Tiere hütete der »verlorene Sohn« in Jesu Gleichnis?**

- **a** Schafe
- **b** Ziegen
- **c** Esel
- **d** Schweine

6 **Welches Tier ging in einem Gleichnis verloren?**

a Schaf
b Pferd
c Ameise
d Maus

7 **Womit verglich Jesus das Himmelreich?**

a mit einem Senfkorn, aus dem ein Baum wächst
b mit einem Hirten, der seine Schafe hütet
c mit einem Gärtner, der Gemüse erntet
d mit einem Bäcker, der Brot backt

8 **Welches junge Tier sollten die Jünger für Jesu Einzug in Jerusalem holen?**

a ein Kamelfohlen
b ein Pferdefohlen
c ein Eselsfohlen
d eine junge Taube

9 **Welcher Baum liefert die Zweige, mit denen Jesus beim Einzug in Jerusalem zugewinkt wurde?**

a die Zeder
b die Palme
c die Pappel
d die Kiefer

10 **Welche Pflanze gab dem Ölberg seinen Namen?**

a der Olivenbaum
b die Distel
c der Rosenstrauch
d der Rizinusstrauch

11 **Welche Pflanze ist ein Sinnbild für das Volk Israel?**

a die Rose
b die Palme
c der Rizinus
d der Weinstock

12 **Womit verglich das Mädchen im Hohelied ihren Geliebten?**

a Elefant
b Gazelle
c Ziegenbock
d Wildesel

13 **Welche Tiere sollten nicht gemeinsam vor denselben Pflug gespannt werden?**

a Pferd und Esel
b Rind und Esel
c Rind und Ziege
d Hund und Ziege

14 **Was brachten Moses Kundschafter aus dem Land der Verheißung mit?**

a eine Weintraube
b siebzig Oliven
c zwölf Orangen
d sieben Zitronen

15 **Welche Tiere sammeln sich laut Jesus dort, wo Aas ist?**

a Adler
b Geier
c Füchse
d Hasen

16 **Woraus wurde das Öl für den Leuchter im Tempel gewonnen?**

- **a** aus Disteln
- **b** aus Raps
- **c** aus Sonnenblumen
- **d** aus Oliven

17 **Was geschieht mit einem Rind, das am Sabbat in einen Brunnen fällt?**

- **a** Es bleibt sich selbst überlassen.
- **b** Es bleibt bis zum neuen Tag im Brunnen.
- **c** Es wird herausgezogen.
- **d** Es wird getötet.

18 **Mit welcher Pflanze vergleicht sich Jesus in den »Ich-bin«-Worten?**

- **a** mit dem Feigenbaum
- **b** mit dem Weinstock
- **c** mit der Zeder
- **d** mit der Lilie

19 **Mit welchem Vogel wird die Geliebte im Hohelied verglichen?**

- **a** Taube
- **b** Adler
- **c** Bussard
- **d** Truthenne

20 **Welches Tier hatte Bileam bei sich, als ihm ein Engel begegnete?**

- **a** Pferd
- **b** Ziege
- **c** Schaf
- **d** Esel

21 **Welcher Baum wurde dem Volk Israel im verheißenen Land nicht versprochen?**

- **a** der Olivenbaum
- **b** der Apfelbaum
- **c** der Feigenbaum
- **d** der Granatapfelbaum

22 **Von welchen Tieren träumte der Pharao?**

- **a** von Fröschen
- **b** von Heuschrecken
- **c** von Kühen
- **d** von Stechmücken

23 **Welche Pflanze lieferte schon in biblischer Zeit den Rohstoff zur Herstellung von Stoffen?**

- **a** Flanell
- **b** Flachs
- **c** Flausch
- **d** Flamè

24 **Wie hieß der Strauch, unter dem der Prophet Elija Schutz fand?**

- **a** Gangster
- **b** Ginster
- **c** Ginger
- **d** Ganter

25 **Wie hieß der Mann, dem seine 3000 Kamele gestohlen wurden?**

- **a** Elifas
- **b** Ijob (Hiob)
- **c** Bildad
- **d** Zofar

26 **Vor welchem Fabeltier ist laut Psalm 91 derjenige geschützt, der unter dem Schutz des Höchsten steht?**

- **a** vor Drachen
- **b** vor Kentauren
- **c** vor Satyrn
- **d** vor Greifen

27 **Welche Tiere werden nach einer Prophezeiung Jesajas friedlich zusammen leben?**

- **a** Fuchs und Hase
- **b** Wolf und Lamm
- **c** Esel und Bär
- **d** Hund und Katze

28 **Auf welchen Baum stieg der Zöllner Zachäus, um Jesus besser sehen zu können?**

- **a** Eiche
- **b** Maulbeerfeigenbaum
- **c** Olivenbaum
- **d** Dattelpalme

29 **Von welchem Baum stammen die Futterschoten, die im Gleichnis vom verlorenen Sohn als Schweinefutter dienten?**

- **a** Johannabaum
- **b** Johannisstrauch
- **c** Johannisbrotbaum
- **d** Affenbrotbaum

30 **Welche Früchte erntet der Engel in der Apokalypse?**

- **a** Weintrauben
- **b** Melonen
- **c** Kürbisse
- **d** Erdbeeren

31 **Was waren die drei wesentlichen Bestandteile der täglichen Nahrung in biblischen Zeiten?**

a Kartoffeln, Gemüse, Saft
b Reis, Fisch, Bier
c Getreide, Öl, Wein
d Obst, Fleisch, Milch

32 **Welches Tier gilt nach den Reinheitsgesetzen des Mose als reines Tier?**

a das Kamel
b der Hase
c das Rind
d das Wildschwein

33 **Welches Tier am Himmel kennt laut Jeremia seine Zeit?**

a der Mauersegler
b der Spatz
c der Storch
d der Geier

34 **Was lässt Gott über Nacht für Jona als Schattenspender wachsen?**

a Olivenbaum
b Weihnachtsstern
c Rizinusstrauch
d Balsambaum

35 **Welcher Zweig blüht in der Vision des jungen Propheten Jeremia?**

a ein Mandelzweig
b ein Apfelzweig
c ein Palmenzweig
d ein Kiefernzweig

36 **Worunter sollen die Menschen nach der Verheißung des Propheten Micha im Friedensreich sitzen?**

a unter Eichen
b unter Zypressen
c unter Weinstock und Feigenbaum
d unter Rosen und Lilien

37 **Von welcher Pflanze stammt der Zweig, auf dem Jesus am Kreuz ein mit Essig getränkter Schwamm gereicht wurde?**

a Ysop
b Mistel
c Weihrauch
d Myrrhe

38 **Auf welche in Höhlen lebenden Tiere weist Jesus einen Schriftgelehrten hin, der ihm nachfolgen will?**

a Füchse
b Löwen
c Bären
d Dachse

39 **Welche Vollmacht gab Jesus den zweiundsiebzig Jüngern, die er in die Dörfer, die er besuchen wollte, voraussandte?**

a auf Schlangen und Skorpione zu treten
b mit Bären und Löwen zu kämpfen
c über Drachen- und Löwenköpfe zu steigen
d Stier und Widder zu besiegen

40 **Was für ein Baum war der Baum der Erkenntnis im Garten Eden?**

a Apfelbaum
b Feigenbaum
c Lebensbaum
d ist nicht näher beschrieben

41 **An welchem Tag schuf Gott Pflanzen und Bäume?**

- **a** am ersten Tag
- **b** am dritten Tag
- **c** am vierten Tag
- **d** am fünften Tag

42 **Welches Gebot gilt auch für Rind und Esel?**

- **a** Speisegebot
- **b** Sabbatgebot
- **c** Fastengebot
- **d** Opfergebot

43 **Welche Tierfelle wickelte sich Jakob um Hände und Hals, um seinen blindgewordenen Vater Isaak zu täuschen?**

- **a** Schafsfell
- **b** Ziegenfell
- **c** Eselsfell
- **d** Kamelfell

44 **Welche Nahrung, die es in Ägypten umsonst gab, vermissten die Israeliten während ihrer Wüstenwanderung?**

- **a** Gurken und Melonen
- **b** Äpfel und Birnen
- **c** Apfelsinen und Bananen
- **d** Kirschen und Pflaumen

45 **Woraus wird bis heute das Schofar, ein altes Blasinstrument, hergestellt?**

- **a** aus einem Widderhorn
- **b** aus Bambus
- **c** aus Zedernholz
- **d** aus einem Zebuhorn

46 **Wie viele Schafe besaß der reiche Viehzüchter Laban, der erste Mann der Abigajil?**

- **a** 30
- **b** 300
- **c** 3000
- **d** 30.000

47 **Was ist Balsam, das die Königin von Saba als Geschenk mit nach Jerusalem brachte?**

- **a** harzartiges Baumöl
- **b** Edelstein
- **c** Honigsalbe
- **d** Edelholz

48 **Vor welchem Tier läuft in einem Gleichnis Jesu ein Tagelöhner davon?**

- **a** vor einem Bären
- **b** vor einem Wolf
- **c** vor einem Tiger
- **d** vor einem Löwen

49 **Womit wird in Psalm 102 die Vergänglichkeit des Lebens verglichen?**

- **a** mit verdorrtem Holz
- **b** mit verdorrtem Gras
- **c** mit verdorrten Früchten
- **d** mit verdorrten Bäumen

50 **Womit verglich Jesus das Kommen des Gottesreiches?**

- **a** mit dem Blühen der Bäume
- **b** mit einem Garten
- **c** mit einem Palmenhain
- **d** mit einer Rose

51 **Welche Tiere sind laut der Bibel ein Volk ohne Macht und bauen ihre Wohnungen in dem Felsen?**

- **a** Adler
- **b** Gemsen
- **c** Klippdachse
- **d** Löwen

52 **Womit verglich das Volk Israel das Aussehen des »Wüstenbrotes« Manna?**

- **a** mit Pfeffersamen
- **b** mit Currysamen
- **c** mit Paprikasamen
- **d** mit Koriandersamen

53 **Welche im Wasser lebenden Tiere dürfen nach den jüdischen Reinheitsgesetzen gegessen werden?**

- **a** alle Wassertiere
- **b** alle Tiere mit Flossen
- **c** alle Tiere mit Schuppen
- **d** alle Tiere mit Flossen und Schuppen

54 **Welcher Baum wurde Abschalom auf dessen Flucht zum Verhängnis?**

- **a** Buche
- **b** Akazie
- **c** Eiche
- **d** Palme

55 **Welche in der Bibel genannten Tiere haben keine Königin?**

- **a** Bienen
- **b** Hummeln
- **c** Heuschrecken
- **d** Ameisen

56 **Wer gab den Tieren nach der Schöpfung ihre Namen?**
- **a** Gott
- **b** Adam
- **c** Eva
- **d** Engel

57 **Welche Früchte zierten die Kapitelle der Säulen in Salomos Tempel?**
- **a** Datteln
- **b** Feigen
- **c** Ananas
- **d** Granatäpfel

58 **Wie viele Pferde hatte König Salomo in seinen Ställen?**
- **a** 40
- **b** 400
- **c** 4000
- **d** 10.000

59 **Womit vergleicht sich in der Bibel ein unglücklicher Beter?**
- **a** mit einer Eule in Ruinen
- **b** mit einer Maus im Mauseloch
- **c** mit einer Fliege im Spinnennetz
- **d** mit einem Fuchs im Käfig

60 **Womit reinigt der barmherzige Samariter die Wunden des Überfallenen?**
- **a** mit Essig und Wasser
- **b** mit Öl und Wein
- **c** mit Speichel und Lehm
- **d** mit Wasser und Sand

61 **Welches Naturprodukt zur Zahnpflege nahm die Karawane, an die Josef von seinen Brüdern verkauft wurde, mit nach Ägypten?**

- **a** Kreide
- **b** Pfefferminz
- **c** Mastix
- **d** Fenchel

62 **Aus welchem Holz baute Noach seine Arche?**

- **a** Lindenholz
- **b** Eichenholz
- **c** Zypressenholz
- **d** Teakholz

63 **Welche Früchte gab Jakob seinen Söhnen als Geschenk für den Pharao mit?**

- **a** Kokosnüsse
- **b** Pistazien
- **c** Wallnüsse
- **d** Erdnüsse

64 **Welches Getreide wurde beim Hagel, der als Plage auf die Ägypter herabkam, nicht zerstört?**

- **a** Hafer
- **b** Roggen
- **c** Hirse
- **d** Weizen

65 **Aus welchem Material ließ Mose die Zeltdecken für das Heiligtum herstellen?**

- **a** aus Ziegenhaar
- **b** aus Schafwolle
- **c** aus Rinderhäuten
- **d** aus Eselhäuten

66 **Welches Tier lieferte das Material für die Weinschläuche?**
- **a** Ziege
- **b** Schaf
- **c** Kamel
- **d** Esel

67 **Welche Früchtekuchen buk Abigajil, um David zu beeindrucken?**
- **a** Ananas- und Bananenkuchen
- **b** Apfel- und Birnenkuchen
- **c** Feigen- und Rosinenkuchen
- **d** Dattel- und Sesamkuchen

68 **Welche Tiere ließ sich Salomo für seinen Königshof aus Tarschisch liefern?**
- **a** Affen und Perlhühner
- **b** Tiger und Elefanten
- **c** Hunde und Katzen
- **d** Hasen und Igel

69 **Auf welches Gras fressende Tier verwies Gott den Ijob (Hiob)?**
- **a** auf das Nilpferd
- **b** auf den Elefanten
- **c** auf das Zebu
- **d** auf das Gnu

70 **Wie nannten die Römer die Zeiteinteilung, bei denen der Hahnenschrei vorkommt?**
- **a** die 4 Hahnenschreie
- **b** die 4 Stundenuhren
- **c** die 4 Weltzeiten
- **d** die 4 römischen Nachtwachen

1 **Der Strom, der in Eden entsprang und den Paradiesgarten bewässerte, teilte sich in vier Hauptflüsse. Wie hießen zwei davon?**

- **a** Orontes und Maacha
- **b** Blauer und Weißer Nil
- **c** Eufrat und Tigris
- **d** Jordan und Jabbok

2 **Wie heißt die berühmte Straße, auf der Paulus in Italien nach Rom gelangte?**

- **a** Via Adria
- **b** Via Alvina
- **c** Via Alpina
- **d** Via Appia

3 **Wo übernachtete Jesus während seines letzten Aufenthaltes in Jerusalem?**

- **a** auf dem Ölberg
- **b** in einer Herberge
- **c** im Kidrontal
- **d** im Tempel

4 **Wie hieß das Gebirge, auf dem der Prophet Elija die Baalspriester herausforderte?**

- **a** Kamel
- **b** Karmel
- **c** Camel
- **d** Karamel

5 **Wo lebte Johannes der Täufer, bevor er mit seinem Wirken begann?**

- **a** zu Hause
- **b** im Ausland
- **c** in der Wüste
- **d** im Gebirge

6 **Wo befindet sich die Grabstätte, die als Grab des heiligen Paulus verehrt wird?**

a in Tarsus
b in Korinth
c in Athen
d in Rom

7 **Woran soll die Lazaruskirche in Betanien erinnern?**

a an die Fußwaschung des Lazarus
b an die Auferweckung des Lazarus
c an die Predigt des Lazarus
d an das Abendmahl mit Lazarus

8 **Wo war der Überlieferung nach der Taufort Jesu?**

a am Jordanfluss
b am See Gennesaret
c an der Mündung des Jabbok
d in der Oase Jericho

9 **Wie hieß der Ort, an dem ein riesengroßer Turm gebaut werden sollte?**

a Basan
b Bet-El
c Babel
d Bozra

10 **Über welche Erhebung in Jerusalem ließ Kaiser Konstantin eine große Basilika bauen?**

a über Golgota
b über dem Ölberg
c über dem Tempelberg
d über dem Skopusberg

11 **Wohin wollte Gott sein Volk führen?**

- **a** in ein Land, wo Wein und Weizen wachsen
- **b** in ein Land, wo Milch und Honig fließen
- **c** in ein Land, wo es grünt und blüht
- **d** in ein Land, wo Weiden in Hülle und Fülle sind

12 **Worauf konnte Jesus vom Berg der Seligpreisungen herabblicken?**

- **a** auf den See Gennesaret
- **b** auf die Stadt Hebron
- **c** auf den Ort Emmaus
- **d** auf die Wüste Negev

13 **Wonach wurde die Stadt Tiberias benannt?**

- **a** nach dem Fluss Tiber
- **b** nach einem Pharao
- **c** nach dem Kaiser Tiberius
- **d** nach dem Sohn des Pilatus

14 **In welcher Wüste rief Johannes der Täufer die Menschen zur Umkehr?**

- **a** in der Wüste Negev
- **b** in der Wüste Kalahari
- **c** in der Wüste Karakum
- **d** in der Wüste Judäa

15 **Wie hieß der Teich in Jerusalem, an dem Jesus einen Kranken heilte?**

- **a** Betesda
- **b** Beseda
- **c** Betullia
- **d** Betsaida

16 **Welchen Namen trägt heute die alte Hauptstadt der Ammoniter Rabbat-Amon?**
- **a** Kairo
- **b** Amman
- **c** Damaskus
- **d** Bagdad

17 **An welches Ereignis erinnert das Brot-Fisch-Mosaik in der Kirche von Tabgha am See Gennesaret?**
- **a** an das Abendmahl
- **b** an den Fischzug
- **c** an die Brotvermehrung
- **d** an die Krankenheilung

18 **Welche Stadt versorgte König Hiskija durch den Bau eines Felsenkanals mit Wasser?**
- **a** Damaskus
- **b** Jerusalem
- **c** Sidon
- **d** Tyrus

19 **Wodurch wurde der Ort Nain im Neuen Testament bekannt?**
- **a** durch eine Hochzeit
- **b** durch eine Krankenheilung
- **c** durch eine Totenerweckung
- **d** durch eine Predigt

20 **Wie hieß die alte Meeresstraße, auf der Jesus mit seinen Jüngern oft unterwegs war?**
- **a** Via Maria
- **b** Via Martina
- **c** Via Marina
- **d** Via Maris

21 **Welchen Namen gab David der Stadt Jerusalem?**
- **a** Burg des Herrn
- **b** himmlisches Jerusalem
- **c** Königsstadt
- **d** Stadt Davids

22 **Wofür ist Kinneret eine andere mögliche Bezeichnung?**
- **a** für den See Gennesaret
- **b** für die Insel Kreta
- **c** für den Bach Krit
- **d** für das Tal Kidron?

23 **In welcher Stadt diente der Hauptmann Kornelius, den Petrus taufte?**
- **a** Cäsarea
- **b** Rom
- **c** Ephesus
- **d** Jerusalem

24 **In welchem Dorf gab Jesus den Auftrag, ihm eine Eselin für den Einzug in Jerusalem zu besorgen?**
- **a** Betfage
- **b** Betanien
- **c** Betlehem
- **d** Betesda

25 **In welchem Erdteil liegt der Ararat, auf dem die Arche Noach aufsetzte?**
- **a** Europa
- **b** Asien
- **c** Afrika
- **d** Amerika

26 **Welcher Berg könnte der Überlieferung nach der Berg der Verklärung sein?**

- **a** Temar
- **b** Tami
- **c** Tabor
- **d** Hermon

27 **In welcher Stadt befand sich die Gerade Straße, in der Paulus nach seiner Berufung wohnte?**

- **a** in Athen
- **b** in Philippus
- **c** in Tarsus
- **d** in Damaskus

28 **Was war der meteorologische Grund für den plötzlichen Sturm auf dem See Gennesaret?**

- **a** ein Gewitter
- **b** ein Tornado
- **c** ein Erdbeben
- **d** ein Fallwind

29 **Welches Tal liegt zwischen Ölberg und Tempelberg in Jerusalem?**

- **a** das Huletal
- **b** das Kidrontal
- **c** das Jordantal
- **d** das Jesreeltal

30 **In welcher Stadt stand das Haus des Petrus?**

- **a** in Magdala
- **b** in Kafarnaum
- **c** in Tiberias
- **d** in Kfar Tiqua

31 **In welcher Stadt wurde Abraham geboren?**

- **a** On
- **b** Ono
- **c** Ofra
- **d** Ur

32 **Durch welches Gebiet kam Jesus auf kürzestem Weg von Galiläa nach Jerusalem?**

- **a** durch Batanäa
- **b** durch Nabatäa
- **c** durch Idumäa
- **d** durch Samaria

33 **Wie hieß die alte Königsstadt, in der der Priesterkönig Melchisedek, dem Abraham begegnete, herrschte?**

- **a** Babel
- **b** Ninive
- **c** Salem
- **d** Haran

34 **Wo saßen und weinten die im Exil lebenden Juden?**

- **a** in ihren Zelten in Babel
- **b** in den Gärten von Babylon
- **c** auf den Märkten von Babylon
- **d** an den Strömen von Babel

35 **In welchem Land befindet sich Tarsus, der Geburtsort des Apostels Paulus, heute?**

- **a** in der Türkei
- **b** in Syrien
- **c** in Irak
- **d** in Israel

36 **In welcher Hafenstadt ging Jona an Bord, um vor Gottes Auftrag zu fliehen?**

- **a** Akko
- **b** Ashdod
- **c** Achsib
- **d** Jafo

37 **Wohin war im Gleichnis vom barmherzigen Samariter der Mann unterwegs, der von Räubern überfallen wurde?**

- **a** nach Hebron
- **b** nach Jericho
- **c** nach Jerusalem
- **d** nach Sidon

38 **Wo stand die Synagoge, in der Jaïrus Synagogenvorsteher war?**

- **a** in Kafarnaum
- **b** in Jericho
- **c** in Nain
- **d** in Magdala

39 **In welches Meer mündet der Jordan?**

- **a** in das Schwarze Meer
- **b** in das Rote Meer
- **c** in das Tote Meer
- **d** in das Mittelmeer

40 **In welcher Stadt wechselte der Gefangene Paulus auf das Schiff, das ihn nach Rom bringen sollte?**

- **a** in Milet
- **b** in Medina
- **c** in Messina
- **d** in Myra

41 **Wie hieß der Berg, an dem Gott durch einen brennenden Dornbusch zu Mose redet?**

a Nebo
b Karmel
c Habor
d Horeb

42 **Wo befand sich der Ort Magdala?**

a bei Jerusalem
b am See Gennesaret
c am Toten Meer
d am Mittelmeer

43 **Wie nannte man in Israel die Städte, in denen Menschen vor der Blutrache Zuflucht fanden?**

a Schutzstädte
b Wallstädte
c Asylstädte
d Tempelstädte

44 **Aus welcher Stadt am Mittelmeer kam die Königstochter Isebel, die Frau von König Ahab?**

a Tyrus
b Athen
c Zarpat
d Dor (Alexandria)

45 **In welcher Wüste grub Abraham einen Brunnen und nannte den Ort Beerscheba?**

a Wadi Rum
b Paran
c Sinai
d Negeb

46 **Wo salbte eine Sünderin Jesu Füße mit Salböl?**

a im Haus des Petrus
b im Haus eines Pharisäers
c im Vorhof des Tempels
d am Ufer des Sees Gennesaret

47 **In welche Stadt war der Priester unterwegs, von dem im Gleichnis vom barmherzigen Samariter berichtet wird?**

a nach Jericho
b nach Jerusalem
c nach Betlehem
d nach Bethanien

48 **Wohin wurde Paulus nach seiner Gefangennahme in Jerusalem überführt?**

a nach Machärus
b nach Masada
c nach Tiberias
d nach Cäsarea

49 **Aus welchem Gebirge kommen die Quellflüsse des Jordans, an dessen Ufern Johannes der Täufer wirkte?**

a Golanhöhen
b Hermongebirge
c Karmelgebirge
d Sinaigebirge

50 **Wo befindet sich die Insel Patmos, auf der Johannes seine Offenbarung niederschrieb?**

a im Roten Meer
b in der Adria
c im Ägäischen Meer
d im Mamarameer

51 **Wo wurde König David begraben?**

- **a** in Hebron
- **b** in Jerusalem
- **c** in Beerscheba
- **d** in Bozra

52 **Was meint die Bibel, wenn sie von einem »Garten in Eden« spricht?**

- **a** einen Garten in der Wüste
- **b** einen Garten Salomos
- **c** die Gärten der Edomiter
- **d** die Hängenden Gärten von Babylon

53 **In welchem Fluss sollte sich der aramäische Feldherr Naaman waschen, um vom Aussatz rein zu werden?**

- **a** im Jabbok
- **b** im Jordan
- **c** im Kischon
- **d** im Jarkon

54 **Wie hieß der Ort, in dem sich Rut und ihre Schwiegermutter Noomi nach dem Tod ihrer Ehemänner niederließen?**

- **a** Betlehem
- **b** Jericho
- **c** Moab
- **d** Sichem

55 **In welcher Stadt empörten sich die Silberschmiede gegen Paulus?**

- **a** Ephesus
- **b** Jerusalem
- **c** Athen
- **d** Milet

56 **Woher kam das Zedernholz für Salomos Tempel?**

a vom Roten Meer
b vom Libanon
c aus Äthiopien
d aus Ägypten

57 **In welcher Stadt Kleinasiens hatte Paulus eine Vision, die ihn nach Europa rief?**

a Tyrus
b Masada
c Tarsus
d Troas

58 **Wie wird der See Gennesaret im Johannesevangelium noch bezeichnet?**

a See von Kafarnaum
b See von Tiberias
c Kleines Meer
d Judäisches Meer

59 **In welcher Stadt befand sich der »Thron des Satans«, den Johannes in seinem dritten Sendschreiben benennt?**

a in Milet
b in Troas
c in Pergamon
d in Myra

60 **Wo wurde eine römische Inschrift mit Pontius Pilatus' Namen gefunden?**

a in Akko
b in Jerusalem
c in Rom
d in Cäsarea

61 **Welche Stadt mussten Priszilla und Aquila aufgrund einer Judenvertreibung verlassen?**

- **a** Ephesus
- **b** Korinth
- **c** Rom
- **d** Athen

62 **Welche Landschaft teilte der Pharao den Brüdern Josefs und ihren Familien zu?**

- **a** Rashid
- **b** Goschen
- **c** Dumyat
- **d** Matruh

63 **Wie hieß die Stadt in der Jesreel-Ebene, vor deren Toren König Joschija im Kampf gegen Pharao Necho fiel?**

- **a** Megiddo
- **b** Magdala
- **c** Meriba
- **d** Machpela

64 **In welcher »Grenzstadt« arbeitete der Zöllner Levi, den Jesus berief?**

- **a** Cäsarea
- **b** Jericho
- **c** Ashkalon
- **d** Kafarnaum

65 **Wie wird Äthiopien in der Bibel bezeichnet?**

- **a** Kana
- **b** Kusch
- **c** Konja
- **d** Susa

66 **Wo wurden die Gebeine Josefs, auch Zafenat-Paneach genannt, begraben?**

- **a** in Ägypten
- **b** in Sichem
- **c** in Gaza
- **d** in Jerusalem

67 **Auf welcher Insel befand sich die Stadt Syrakus, vor der das Schiff mit dem Gefangenen Paulus vor Anker ging?**

- **a** auf Rhodos
- **b** auf Kreta
- **c** auf Sizilien
- **d** auf Zypern

68 **Wie hieß die Hauptstadt des Assyrischen Reiches, in die sich Sanherib nach der Belagerung Jerusalems zurückzog?**

- **a** Ninive
- **b** Assur
- **c** Babel
- **d** Charan

69 **Wie heißt heute die Stadt Smyrna, in die das zweite Sendschreiben des Johannes geschickt wurde?**

- **a** Iznik
- **b** Istanbul
- **c** Izmir
- **d** Sart

70 **In der Gegend von welcher Stadt legte Petrus sein Messiasbekenntnis ab?**

- **a** Cäsarea am Meer
- **b** Cäsarea Philippi
- **c** Seluzia
- **d** Sebulon

1 **In welcher Sprache wurde das Alte Testament geschrieben?**

- **a** Hebräisch
- **b** Aramäisch
- **c** Griechisch
- **d** Altsyrisch

2 **In welcher Sprache wurde das Neue Testament geschrieben?**

- **a** Koptisch
- **b** Griechisch
- **c** Hebräisch
- **d** Armenisch

3 **Welcher Augustinermönch übersetzte die Bibel in die deutsche Sprache?**

- **a** Johannes Calvin
- **b** Ulrich Zwingli
- **c** Jan Hus
- **d** Martin Luther

4 **Welchen Namen trägt die Übersetzung, die in der katholischen Kirche verwendet wird?**

- **a** Gute Nachricht
- **b** Einheitsübersetzung
- **c** Zürcher Bibel
- **d** Menge-Bibel

5 **Wie wurden die Geschichten der Bibel anfänglich weitergegeben?**

- **a** mündlich
- **b** handschriftlich
- **c** gedruckt
- **d** telegrafisch

6 **Auf welches biblische Ereignis bezieht sich das Pfingstfest?**

a auf die Taufe Jesu
b auf Jesu Auferstehung
c auf die Ausgießung des Heiligen Geistes
d auf das Apostelkonzil

7 **Wie heißt der Erfinder des Buchdrucks?**

a Johannes Gutenberg
b Johannes vom Kreuz
c Lukas Cranach
d Johannes Fust

8 **Wo schuf Martin Luther die deutsche Übersetzung des Neuen Testamentes?**

a auf der Wartburg bei Eisenach
b im Schloss Schmalkalden
c im Wittenberger Rathaus
d im Erfurter Augustinerkloster

9 **Was steht im Mittelpunkt der Armenbibeln des 13. Jahrhunderts?**

a das Wort
b die Predigt
c das Bild
d das Gebet

10 **Woraus bestanden zur Zeit des Alten Testamentes die Schekel-Münzen?**

a aus Gold und Silber
b aus Platin und Bronze
c aus Kupfer und Aluminium
d aus Stein und Knochen

11 **Wie heißt der Ort, an dem 1947 sensationelle Schriftrollen entdeckt wurden?**

a der Hafen von Sidon
b das Gerberhaus in Jaffa
c die Höhlen von Qumran
d das Geburtshaus des Paulus in Tarsus

12 **Welche Sprache sprach Jesus?**

a Griechisch
b Arabisch
c Aramäisch
d Iwrit

13 **Wer entdeckte in Qumran am Toten Meer die Tonkrüge mit uralten, biblischen Schriftrollen?**

a ein Beduinenjunge
b ein britischer Archäologe
c ein Franziskanermönch
d ein israelischer Soldat

14 **Wie heißt die im 4. Jh. gefertigte lateinische Bibelübersetzung?**

a Papyri
b Codex
c Gotische Bibel
d Vulgata

15 **Worum handelt es sich im Neuen Testament bei einem Talent?**

a um einen Monat
b um ein Gewicht
c um eine Kopfbedeckung
d um eine Begabung

16 **Woran orientiert sich das jüdische Jahr?**

- **a** an der Sonne
- **b** am Mond
- **c** an den Sternen
- **d** am Wetter

17 **Wie viele Arme hatte der Leuchter im Jerusalemer Tempel?**

- **a** 1
- **b** 3
- **c** 7
- **d** 10

18 **Welchen Titel trägt das Buch, das als erstes mit beweglichen Metall-Lettern gedruckt wurde?**

- **a** Gutenbergbibel
- **b** Lutherbibel
- **c** Diamant-Sutra
- **d** Codex Argenteus

19 **Wie lautet die griechische Bezeichnung für das erste Buch Mose?**

- **a** Genesis
- **b** Genus
- **c** Genitiv
- **d** Genever

20 **Aus wie vielen Büchern besteht die Bibel in der Einheitsübersetzung?**

- **a** 73
- **b** 39
- **c** 27
- **d** 11

21 **Wie heißt die älteste Vollbibel (enthält den griechischen Text des AT und große Teile des NT)?**

a Codex Vaticanus
b Codex Maximus
c Codex Romanus
d Codex Papyris

22 **Welche Maßeinheit bezeichnet in der Offenbarung des Johannes ungefähr einen Liter?**

a das Pfund
b der Schekel
c die Elle
d das Maß

23 **Was ist nach dem Schöpfungsbericht der letzte Tag der Woche?**

a der Schabbat (Sabbat)
b der Sonntag
c der Montag
d der sechste Tag

24 **Welches Wort wird für »Bibelauslegung« verwendet?**

a Exequien
b Exerzitien
c Exempel
d Exegese

25 **Welcher Teil ist vom Tempel des Herodes bis heute erhalten geblieben?**

a Rauchopferaltar
b Menora
c Westmauer
d Tempeltore

26 **Wer malte Jesu Lebens- und Leidensgeschichte für den Isenheimer Altar?**

- **a** Peter Paul Rubens
- **b** Leonardo da Vinci
- **c** Matthias Grünewald
- **d** Albrecht Dürer

27 **Wie nennt man die mittelalterliche Buchmalerei?**

- **a** Miniatur
- **b** Mineur
- **c** Minima
- **d** Minorat

28 **Wie bezeichnet man die Briefe des Neuen Testamentes, die nicht auf Paulus zurückzuführen sind?**

- **a** nichtpaulinische Briefe
- **b** katholische Briefe
- **c** evangelische Briefe
- **d** freikirchliche Briefe

29 **An welche biblische Frauengestalt erinnert das jüdische Purimfest?**

- **a** Königin Herodias
- **b** Königin von Saba
- **c** Königin Isebel
- **d** Königin Ester

30 **Wie sollen die Israeliten den Versöhnungstag (Jom Kippur) begehen?**

- **a** mit Essen und Trinken
- **b** mit Singen und Tanzen
- **c** mit Pilgern nach Jerusalem
- **d** mit Fasten und Ruhen

31 **Wie heißt die griechische Bibelübersetzung?**
- a Septuaginta
- b Novum Testamentum Graece
- c Masora
- d Novum Instrumentum omne

32 **Wie heißt die moderne Fassung der Vulgata, die Papst Paul VI. in Auftrag gab?**
- a Nova Vulgata
- b Nova Scotia
- c Bossa Nova
- d Super Nova

33 **Welche biblische Person ist im Koran mit Suleiman gemeint?**
- a Sebulon
- b Samuel
- c Salomo
- d Salome

34 **Welche Zahl wird in der Bibel oft benutzt, um eine Zeitspanne zu bezeichnen?**
- a 6
- b 8
- c 12
- d 40

35 **Wie heißt der Bischof, der als erster die Bibel in eine gotische Sprache übersetzte?**
- a Augustinus
- b Ansgar
- c Wulfila
- d Bonifatius

36 **Wie viele Verse hat Psalm 117, der der kürzeste der Bibel ist?**

- **a** 1 Vers
- **b** 2 Verse
- **c** 5 Verse
- **d** 7 Verse

37 **Welcher berühmte Maler stiftete in Nizza ein Museum für seine biblischen Gemälde?**

- **a** Marc Chagall
- **b** Pablo Picasso
- **c** Franz Marc
- **d** Henri Matisse

38 **Wer ist der Titelheld des gleichnamigen Filmepos' über die Anfänge des Christentums?**

- **a** Ben Hur
- **b** Mose
- **c** Spartacus
- **d** Pharao

39 **Welcher französische Buchdrucker des 16. Jahrhunderts führte die Nummerierung der Bibelverse ein?**

- **a** Charles Foucauld
- **b** Vinzenz van Paul
- **c** Alexander Dumas
- **d** Robert Etienne

40 **Welche Bücher des Neuen Testamentes wurden als erste geschrieben?**

- **a** Markusevangelium
- **b** Apostelgeschichte
- **c** Paulusbriefe
- **d** Petrusbriefe

41 **Welcher Zeitraum wurde in biblischer Zeit als »Tag« bezeichnet?**

- **a** zwischen zwei Sonnenuntergängen
- **b** von Mitternacht zu Mitternacht
- **c** genau 24 Stunden
- **d** genau 12 Stunden

42 **Welcher englische Dichter des 16. Jahrhunderts zitiert in seinen Werken und Theaterstücken immer wieder die Bibel?**

- **a** Ben Jonson
- **b** William Shakespeare
- **c** Daniel Defoe
- **d** Francis Bacon

43 **Welcher Name wird in der Bibel am häufigsten genannt?**

- **a** Abraham
- **b** David
- **c** Jesus
- **d** Petrus

44 **Wie heißt die an Versen umfangreichste Schrift des Neuen Testamentes?**

- **a** Lukasevangelium
- **b** Apostelgeschichte
- **c** Römerbrief
- **d** Offenbarung des Johannes

45 **Welche Einteilung der Bibel nahm Stephen Langton vor?**

- **a** Verseinteilung
- **b** Kapiteleinteilung
- **c** Bucheinteilung
- **d** Landkarteneinteilung

46 **Welcher Künstler schuf die berühmte Skulptur des David?**
- **a** Leonardo da Vinci
- **b** Auguste Rodin
- **c** Henri Matisse
- **d** Michelangelo

47 **Wie viele Bücher gehören zum Kanon des Neuen Testamentes?**
- **a** 72
- **b** 27
- **c** 21
- **d** 12

48 **Welchen Namen trägt das Fest der ungesäuerten Brote noch?**
- **a** Pfingsten
- **b** Pessach (Pascha)
- **c** Purim
- **d** Tu Bischwat

49 **Wie heißt das Fresko in der Sixtinischen Kapelle, das nach einer biblischen Geschichte benannt ist?**
- **a** »Die Erschaffung Adams«
- **b** »Abraham und Isaak«
- **c** »Das letzte Abendmahl«
- **d** »Die Auferstehung Christi«

50 **Wie heißt der Schauspieler, der 1956 in dem Film »Die Zehn Gebote« die Rolle des Mose spielte?**
- **a** Heinz Rühmann
- **b** Bruce Willis
- **c** Charlton Heston
- **d** Arnold Schwarzenegger

51 **Wie viele Doppelschritte musste man für eine römische Meile gehen?**

a 100
b 500
c 1000
d 2000

52 **Wann begann für die Israeliten das neue Jahr?**

a nach Weihnachten
b im Winter
c im Sommer
d im Herbst

53 **In welchem Kloster fand Konstantin von Tischendorf 1844 den Codex Sinaiticus?**

a Marasaba
b Georgskloster
c Katharinenkloster
d Ölbaumkloster

54 **Welcher Psalm hat die meisten Verse?**

a Psalm 1
b Psalm 23
c Psalm 119
d Psalm 150

55 **Wie viele Währungen gab es zur Zeit Jesu in Israel?**

a 1
b 2
c 3
d 4

56 **Wer druckte die erste deutsche Bibel, die 1466 erschien?**

a Martin Luther
b Johannes Mentelin
c Lukas Cranach
d Peter Schöffer

57 **Welches Konzil erklärte die Vulgata zum geltenden lateinischen Bibeltext?**

a Konzil von Jerusalem
b Konzil von Nicäa
c I. Vatikanisches Konzil
d Konzil von Trient

58 **Welchen Namen eines biblischen Heerführers trägt die Organisation, die sich um die Verteilung der Bibel weltweit bemüht?**

a Mose
b Josua
c Gideon
d Jephta

59 **Auf welches biblische Ereignis weisen die Laubhütten am jüdischen Fest Sukkot hin?**

a auf die Wüstenwanderung
b auf Jesu Einzug in Jerusalem
c auf Abrahams Auszug nach Kanaan
d auf die Vertreibung aus dem Paradies

60 **Wie nannte man die Schreiber, die die Bibel mit der Hand abschrieben?**

a Kubisten
b Kopisten
c Karikaturisten
d Sekretäre

61 **Wer schrieb 1751 das Oratorium »Jephta«, nach dem biblischen Buch der Richter?**

- **a** Johann Sebastian Bach
- **b** Georg Friedrich Händel
- **c** Dietrich Buxtehude
- **d** Heinrich Schütz

62 **In wie viele Sprachen wurde die Bibel bzw. Bibelteile übersetzt?**

- **a** 35
- **b** 200
- **c** 777
- **d** 2355

63 **In wie viele Sprachen wurde die Bibel vollständig übersetzt?**

- **a** 19
- **b** 99
- **c** 414
- **d** 873

64 **Wie groß ist die kleinste Bibel der Welt?**

- **a** 1 x 2 mm
- **b** 1 x 2 cm
- **c** 7 x 5 mm
- **d** 7 x 5 cm

65 **Welches Brüderpaar schuf 1897 den ersten Bibelfilm?**

- **a** Brüder Grimm
- **b** Brüder Wright
- **c** Brüder Lumière
- **d** Plymouth-Brüder

66 **Wie heißt das vierbändige Werk, in dem Thomas Mann die Geschichte einer biblischen Person erzählt?**

a Jakob und seine Brüder
b Josef und seine Brüder
c Ruben und seine Brüder
d David und seine Brüder

67 **Welches Prophetenbuch ist das kürzeste Buch des Alten Testamentes?**

a Obadja
b Jona
c Micha
d Jesaja

68 **Wie heißt eine Oper von Arnold Schönberg über ein biblisches Brüderpaar?**

a »Jakob und Esau«
b »Moses und Aron«
c »Petrus und Andreas«
d »Johannes und Jakobus«

69 **Wie heißt die Oper Giuseppe Verdis, die die Befreiung der Israeliten aus babylonischer Gefangenschaft zum Thema hat?**

a Aida
b Nabucco
c Macbeth
d Der Troubadour

70 **In welcher Form existiert der älteste neutestamentliche Fund?**

a als Papyrusfetzen
b als Qumranrolle
c als Kupferrolle
d als Lehmplatte

1 a **Himmel und Erde** »Im Anfang schuf Gott Himmel und Erde« (Gen 1,1). Mit dieser Glaubensaussage beginnt das erste Kapitel der Bibel mit dem Bericht über das gewaltige Schöpfungswerk Gottes, das mit der Erschaffung des Menschen am sechsten Tag seinen Höhepunkt und Abschluss findet.

2 a **so viel wie Sterne am Himmel** Als der betagte Abraham Zweifel bekam, dass aus ihm ein großes Volk hervorgehen würde, denn seine Frau Sara hatte ihm kein Kind geboren, erneuerte Gott seine Verheißung auf eine große Nachkommenschaft. Und Abraham glaubte. (Gen 15,5)

3 b **Schwefel und Feuer** ereilten Sodom und Gomorra, zwei kanaanitischen Städten, wahrscheinlich am Südostufer des Toten Meeres gelegen, als göttliches Strafgericht (Gen 19,24). Der Schwefel- und Feuerregen lässt sich vielleicht mit einem Erdbeben oder einem Vulkanausbruch erklären. Um welche Naturkatastrophe es sich konkret handelte, ist nicht nachweisbar.

4 a **Rot** Es handelte sich um rote Linsen, die als Hülsenfrüchte in der damaligen Zeit kultiviert wurden. Da Esau keinen Wert auf sein Erstgeburtsrecht legte, aber sehr großen Hunger hatte, als er von der schweren Feldarbeit nach Hause kam, verkaufte er es für Linsengemüse und Brot an seinen Bruder Jakob. (Gen 25,29-33)

5 c **Israel** (= Gottesstreiter) war der Name, den Jakob nach seinem Kampf mit einem geheimnisvollen Mann am Fluss Jabbok erhielt. Jakob erkämpfte den Segen für sich und seine Nachkommen. Er ging als Sieger, wenn auch am Hüftgelenk verletzt, aus dem Kampf hervor. (Gen 32,29)

6 d **Benjamin** war der jüngste Sohn der Großfamilie des Patriarchen Jakob. Seine Mutter Rahel starb bei seiner Geburt. Rahel wollte ihren Sohn Ben-Oni = Sohn des Unglücks nennen, aber Jakob gab ihm den Namen Benjamin = Sohn des Glücks (Gen 35,18). Aus dieser Begebenheit leitete sich der frühere Brauch her, dem jüngsten Sohn einer Familie den Namen Benjamin zu geben.

7 c **Sie verkauften ihn.** Zwanzig Silberstücke erhielten die Brüder dafür, dass sie Josef an vorüberziehende midianitische Händler verkauften (Gen 37,28). Diese waren mit ihrer Karawane unterwegs nach Ägypten und brachten dort Josef auf den Sklavenmarkt.

8 d **10** Plagen peinigten das Volk der Ägypter, u. a. eine Froschplage, Plagen durch Stechmücken und Heuschrecken sowie eine Viehseuche. Doch der Pharao wollte Moses und das Volk der Israeliten nicht aus der Sklaverei entlassen. Erst mit dem Sterben der Erstgeborenen bei Mensch und Vieh wurde der Pharao bewegt, das Volk Gottes ziehen zu lassen. (Ex 7,1–11,10; 12,29-31)

9 a **Manna** nannten die Israeliten das Brot, das Gott vom Himmel regnen ließ. Es war fein wie Reif, körnig wie Koriandersamen und süß wie Honigkuchen. Der Name kommt wahrscheinlich von der erstaunten Frage: Man hu? (hebr = Was ist das?). (Ex 16,31)

10 d **Er schlief**. Jona war an Bord eines Schiffes gegangen, das ihn weit weg von Ninive bringen sollte, denn er wollte vor Gottes Auftrag, die Einwohner der Stadt Ninive zur Umkehr aufzurufen, fliehen. Während das Schiff durch einen mächtigen Sturm zum Spielball der Wellen wurde, schlief Jona seelenruhig im untersten Raum des Schiffes. (Jona 1,4-5)

11 c **Brot und Wein** überreichte der Priesterkönig Melchisedek (hebr. = König der Gerechtigkeit) Abraham bei einer Begegnung nach einer erfolgreichen Schlacht. Er rief den Namen Gottes an und segnete Abraham. (Gen 14,18)

12 c **Hirtin** Schafehüten war nicht nur ein typischer Männerberuf. Die Bibel berichtet neben Rahel, die die Tiere ihres Vaters Laban hütete, auch von Zippora, der späteren Frau des Mose, die mit ihren Schwestern die Schafe ihres Vaters beaufsichtigte. (Gen 29,9; Ex 2,16)

13 b **Von Sonne, Mond und 11 Sternen,** die sich vor ihm verneigten, träumte Josef. Deswegen hassten ihn seine Brüder. Sie konnten zu diesem Zeitpunkt noch nicht ahnen, dass sich der Traum erfüllen und sie sich einst in Ägypten vor Josef mit dem Gesicht zur Erde niederwerfen würden. (Gen 37,9-10)

14 b **Ein Zelt** – 15 Meter lang, 5 Meter breit und 5 Meter hoch – war das erste Heiligtum des Volkes Israel. Hier suchte Mose die Begegnung mit Gott. Es wurde auch »Zelt der Begegnung« genannt und auf der Wanderung des Volkes Israel immer mitgenommen. (Ex 33,7)

15 a **beim Schafehüten** David war der jüngste von acht Brüdern. Er hütete die Schafe seines Vaters Isai, als der Prophet Samuel nach Betlehem kam, um David zum neuen König zu salben (1 Sam 16,11-13). David wurde ein großer König (etwa 1012–972 v.

Chr.) und Feldherr, dem es als nahezu Einzigem in Israels Geschichte gelang, alle zwölf Stämme zu vereinigen und so ein Königreich zu schaffen, das seine Nachbarvölker beherrschte und neben beträchtlicher Macht auch großen Reichtum ansammelte.

16 b **Ismael** Abrahams Frau Sara wollte die Kinderlosigkeit beenden und führte ihre junge Sklavin Hagar Abraham zu. Hagar gebar Abraham einen Sohn, den er Ismael nannte, was »Gott hört« bedeutet. Er wurde zum Stammvater der Ismaeliter. (Gen 16,15)

17 a **Die Königin von Saba** wollte sich von der Weisheit Salomos persönlich überzeugen. Sie machte sich mit einer Karawane, beladen mit kostbaren Geschenken, auf den Weg nach Jerusalem. Auf alle Fragen gab ihr Salomo Antwort und übertraf so all ihre Erwartungen. (1 Kön 10,1-13)

18 d **Waffen** Nehemia (445–433 v. Chr.) wurde von Artaxerxes zum persischen Statthalter von Jerusalem eingesetzt. Als erstes ließ er die zerstörten Stadtmauern wieder aufbauen. Nehemia stellte Wachmannschaften auf und bewaffnete die Bauleute, da die Samariter, Ammoniter und Edomiter Jerusalem gegenüber feindlich eingestellt waren. (Neh 4,10-12)

19 b **Lilit** ist der Name für eine weibliche Dämonengestalt, die in der Wüste und in Ruinen hausen soll. Im Volksmund tauchte sie als »Nachtgespenst« auf. In babylonischen Beschwörungs-Texten erschien der Name Lilit auch als Sturmdämon. (Jes 34,14)

20 c **Pflugscharen** In einer Vision beschreibt Jesaja das messianische Friedensreich Gottes: »Dann schmieden sie Pflugscharen aus ihren Schwertern und Winzermesser aus ihren Lanzen. Man zieht nicht mehr das Schwert, Volk gegen Volk, und übt nicht mehr für den Krieg.« (Jes 2,4)

21 a **Rut** war eine Witwe und kam aus Moabit. Mit den Worten »Wohin du auch gehst, dahin gehe auch ich … Dein Volk ist mein Volk und dein Gott ist mein Gott« folgte sie ihrer ebenfalls verwitweten Schwiegermutter Noomi in deren alten Heimatort Betlehem. Dort wurde sie die Frau von Boas, dem sie den Sohn Obed gebar. Dessen Sohn Isai wurde der Vater Davids. (Rut 4,13-17)

22 a **Ein Engel** mit einem Schwert versperrte Bileam den Weg. Bileam war im Auftrag des Königs von Moab unterwegs, um das Volk Israel zu verfluchen. Gott wollte Bileam hindern, den Auftrag auszuführen und schickte ei-

nen Engel. Dieser wurde zuerst nur von der klugen Eselin, aber nicht von Bileam, gesehen. (Num 22,22-23)

23 d **Salbung** Die Salbung war das Zeichen für die Erwählung des Königs. Der Prophet Samuel goss aus einem Horn Öl auf Sauls Haupt und salbte ihn zum ersten König von Israel (1 Sam 10,1). Später vollzogen auch Priester die Salbung der Könige und verwendeten ebenfalls kostbares Salböl, das aus Oliven gewonnen und mit Myrrhe, Aloe oder Narde gemischt wurde.

24 d **Jonatan** war ein tapferer Kämpfer und ein guter Freund von David. Er rettete David das Leben, indem er ihn vor einem Mordanschlag seines Vaters Saul warnte und zur Flucht verhalf. Jonatan wurde beim Kampf auf dem Gebirge Gilboa zusammen mit seinem Vater getötet. (1 Sam 19,1; 1 Sam 31,2)

25 c **Abigajil** war die Frau des reichen, aber geizigen Viehzüchters Nabal, der David den Schutzzoll verweigerte. Die kluge Abigajil entlohnte David heimlich, indem sie ihn mit Brot, Kuchen, Wein, zubereiteten Schafen und geröstetem Korn versöhnte. Nach dem Tod Nabals heiratete sie David. (1 Sam 25,2-42)

26 d **Sie lachte.** Sara konnte es nicht glauben, dass Gott sein Versprechen erfüllen würde. Mit ihren 90 Jahren war es für sie unvorstellbar, noch Kinder zu bekommen. Auch ihr Mann Abraham war mit seinen 100 Jahren schon hochbetagt (Gen 18,11-12). In Anspielung auf die Reaktion von Sara erhielt der Sohn den Namen Isaak (hebr. jizchák = er lacht).

27 d **Er brannte ihn nieder.** Am 16. 3. 597 v. Chr. wurde Jerusalem vom Nebukadnezzar II., König von Babylon, erobert. Er setzte Zidkija zum König ein, der ihm aber untreu wurde. Daraufhin eroberte er 586 erneut Jerusalem und zerstörte den Tempel und die Stadtmauern. (2 Chr 36,17-21)

28 c **Bundeslade** Sie war ein Kasten aus Akazienholz, mit Gold überzogen und einer goldenen Deckplatte, geschmückt mit zwei Kerubfiguren. Sie stand in der Stiftshütte (Ex 25,10-22). Die Bundeslade nahm einen wechselvollen Weg, wurde von David nach Jerusalem geholt, von Salomo in den Tempel gestellt und bei dessen Zerstörung wahrscheinlich vernichtet.

29 b **Er betete.** Jona erkannte in der Notsituation Gottes Handeln und seine Hilfe. Im Bauch des Fisches lobte und pries er Gott. Daraufhin erlebte er weiter die Rettung durch Gottes Eingreifen: Nach drei Tagen spie ihn der Fisch an Land. (Jona 2,1-10)

30 a **Jeremia** wurde um 650 v. Chr. geboren und kam aus einem Priestergeschlecht Jerusalems. Nach seiner Berufung zum Propheten übte er dieses Amt oft unter Lebensgefahr über 40 Jahre aus. Bei der Belagerung von Jerusalem 586 v. Chr. widersetzte sich Zidkija der Forderung Jeremias, sich zu ergeben, um sein Leben und die Stadt zu retten. Nach der Zerstörung Jerusalems wurde Jeremia ehrenvoll von den Babyloniern behandelt, aber kurz darauf von seinen Landsleuten nach Ägypten verschleppt, wo er verschollen blieb. (Jer 38,17-18)

31 b **Tieropfer** Von den Erstlingen seiner Herde nahm Abel, der ein Schafhirte war, ein Tier. Dieses Opfer gefiel Gott, aber das Opfer von Kain, der Feldfrüchte darbrachte, beachtete er nicht. (Gen 4,3-4)

32 c **Brot zu backen** Aus drei Sea feinem Mehl – das entspricht 39 Litern – sollte Sara schnell Fladenbrot backen für die drei Männer, die als Boten Gottes Abraham und Sara besuchten. Wie damals üblich, legte Sara den zubereiteten, ungesäuerten Teig auf die heiße Asche und konnte so in kurzer Zeit heiße Fladenbrote servieren. (Gen 18,6)

33 c **Einen Weinberg** pflanzte Noach, als er die Arche verlassen hatte und begann, das Land zu kultivieren. Als er von dem Wein, den er selbst gekeltert hatte, trank, wurde er sogar betrunken. (Gen 9,20-21)

34 b **Salomo,** der weise König, wird von der jüdischen Tradition als Autor des Buches der Sprichwörter angesehen, das der Weisheitsliteratur zugerechnet wird (Spr 1,1; 10,1; 25,1). Das Buch gibt in seiner wohlbedachten Sprache Ratschläge für das Verhalten des einzelnen Menschen. Salomos Königshof war möglicherweise ein Zentrum für Bildung und Belehrung.

35 c **Ein Festtagsgewand** ließ Jakob für Josef nähen. Dieser »Ärmelrock« war wahrscheinlich ein mehrfarbiger langer Streifen Stoff mit wechselndem Muster, den man spiralförmig um den Körper schlang (Wickelkleid). Dieses neue Festkleid erregte den Neid unter Josefs Brüdern. (Gen 37,3)

36 b **Sie weigerte sich, vor den König zu treten.** Königin Waschti (persisch vahsti = die Schönste) wollte sich nicht dem König und seinen Gästen, die berauscht vom Wein waren, zeigen. Daraufhin wurde Waschti von ihrem Gemahl, dem König Artaxerxes, abgesetzt und durfte ihm nicht mehr unter die Augen treten. (Est 1,9-12)

37 d **Ähren auflesen** Die Moabiterin Rut ging zur Zeit der Gerstenernte zum Feld des Grundbesitzers Boas, der ein Verwandter ihrer Schwiegermutter Noomi war. Sie folgte den Arbeitern, die das Getreide schnitten, und sammelte die liegen gebliebenen Ähren auf. (Rut 2,7) Da Boas an Rut Gefallen gefunden hatte, befahl er seinen Arbeitern sogar, absichtlich Getreide fallen zu lassen, damit Rut mehr aufsammeln konnte.

38 c **Ein Gelübde** machte Hanna im Tempel zu Schilo. Sie hatte Gott versprochen, ihren ersten Sohn ganz in den Dienst Gottes zu geben, wenn er die Kinderlosigkeit von ihr nimmt. Gott erhörte ihr Gebet und Hanna löste ihr Gelübde ein und brachte Samuel, als er noch ein kleines Kind war, zum Priester Eli (1 Sam 1,11). Samuel wurde der letzte Richter des Volkes Israel.

39 c **Babylonien** Jeremia prophezeite den Ort der Verbannung, wohin die Israeliten 597 und 586 v. Chr. deportiert wurden. Bis 538 v. Chr. mussten die Israeliten in Babylon bleiben, erst dann erließ König Kyrus ein Edikt, das den Verbannten die Rückkehr nach Jerusalem erlaubte. (Jer 25,11)

40 c **Als Lilie unter Disteln** beschreibt der Sänger seine Freundin unter den Mädchen. Mit diesem blumenhaften Vergleich wird die Schönheit und Einzigartigkeit der Geliebten besungen. (Hld 2,2)

41 c **mit Röcken** Gott entließ Adam und Eva nicht schutzlos aus dem Paradies. Die unbrauchbar gewordenen Feigenblätter konnte das nackte Paar gegen Röcke aus Fellen tauschen. Denn Gott sorgte sich auch im Moment der Trennung um diese beiden Menschen. (Gen 3,21)

42 b **Batseba** wird in der Bibel nicht wie Mirjam, Debora und Hulda als Prophetin bezeichnet. Trotzdem hatte sie entscheidenden Einfluss auf die Geschichte ihres Volkes, da sie die Mutter des Königs Salomo war.
(2 Sam 12,24-25)

43 a **Ein Stein** war sein Kopfkissen, weil die Gegend, in der er sich zum Schlaf niederlegte, eine Steinwüste war. Jakob träumte von einer Treppe (hebr. sullam = aufgeschüttete Stufen), die bis zum Himmel reichte, auf der Engel auf- und niederstiegen und an deren Ende Gott stand. Den Ort nannte Jakob Bet-El, was Haus Gottes bedeutet. (Gen 28,11)

44 b **Rabe** Nach 40 Tagen in der Arche ließ Noach den Raben aus dem Fenster der Arche ein- und ausfliegen, bis das Wasser auf der Erde vertrocknet war (Gen 8,6-7). Auch Seefahrer aus Indien sollen früher eine Krähe mit an Bord genommen haben, die ihnen den Weg zum Festland erkunden sollte.

45 a **Lea und Rahel** waren die Töchter von Jakobs Onkel Laban, bei dem Jakob nach der Flucht vor seinem Bruder Esau in Haran wohnte und arbeitete. Lea, die ältere Schwester seiner Lieblingsfrau Rahel, musste er heiraten, bevor er Rahel zur Frau bekam. Vierzehn Jahre musste er seinem Onkel für die beiden Frauen dienen. (Gen 29,16-30)

46 c **Oberster der Leibwache** Potifar war Hofbeamter des Pharao von Ägypten und hatte den Befehl über die königliche Leibwache. Er kaufte Josef auf dem Sklavenmarkt als Haussklaven. (Gen 37,36)

47 b **Schifra und Pua** widersetzten sich dem Befehl des Pharao, die männlichen Babys ihres Volkes sterben zu lassen. Für ihren Mut wurden sie von Gott gesegnet. (Ex 1,15-20)

48 a **Mirjam,** die Schwester von Mose und Aaron, galt als eine der drei Prophetinnen Israels. Nach der wunderbaren Rettung vor der Armee des Pharao sang sie ein Loblied auf die Größe Gottes. Dazu tanzte sie und schlug die Pauke. (Ex 15,20)

49 b **einen König** Wie bei allen anderen Völkern auch sollte in Israel ein König regieren. Die Richter sollten abgesetzt werden. Obwohl der Prophet Samuel die negativen Folgen – wie z. B. Kriegs- und Frondienste – aufzählte, die ein König mit sich bringen würde, blieben die Ältesten Israels bei ihrer Forderung, die ihnen Samuel dann erfüllte. (1 Sam 8,4-5)

50 d **7 Jahre** »… und im elften Jahr, im Monat Bul, das ist der achte Monat, wurde das Haus mit all seinem Zubehör vollendet, ganz so, wie es geplant war. Sieben Jahre hatte man an ihm gebaut.« Für den prachtvollen Tempel ließ Salomo nur die wertvollsten Baumaterialien, wie z. B. Zedernholz und Gold, verarbeiten. (1 Kön 6,38)

51 b **Es gab eine Hungersnot in Kanaan,** und um nicht zu sterben, zog Abraham mit seiner Frau, seinen Knechten und Mägden und all seinen Tieren nach Ägypten, wo es fruchtbares Weideland und ausreichend Wasserstellen gab. (Gen 12,10)

52 b **Er segnete Israel.** Ein Engel hatte den Seher ermahnt, nur das zu sagen, was Gott ihm befahl. Obwohl ihm der Moabiterkönig hart zusetzte, konnte Bileam nichts anderes tun, als das Volk Israels, das auf der Wüstenwanderung war, dreimal zu segnen. (Num 24,10)

53 d **4** Frauen waren mit Noach in die Arche gegangen. Die Bibel berichtet von Noachs Frau und davon, dass die drei Söhne Sem, Ham und Jafet ihre Frauen mit »an Bord« genommen hatten. (Gen 7,13)

54 b **Als seine Schwester** stellte Abraham seine Frau den Ägyptern vor. Sara wird als schöne Frau beschrieben, und Abraham hatte Angst, dass die Ägypter ihn um Sara willen aus dem Weg schaffen und umbringen würden. (Gen 12,11-13)

55 a **Manasse und Efraim** gebar Asenat, die Tochter eines Priesters des Sonnenkultes, ihrem Mann Josef, der vom Pharao als oberster Verwalter Ägyptens eingesetzt worden war. Josef nannte den Erstgeborenen Manasse (Vergessling), weil Gott ihn all seine Sorgen vergessen ließ, und den jüngeren Sohn Efraim (Fruchtbringer), weil Gott ihn in Ägypten fruchtbar gemacht hatte. (Gen 41,50-52)

56 d **Die Schuhe auszuziehen** forderte Gott von Mose, da er auf heiligem Boden stand. Mose, der nach der Flucht vom Hof des Pharao die Schafe seines Schwiegervaters hütete, hatte beim Erkunden der ungewöhnlichen Erscheinung eines brennenden und doch nicht verbrennenden Dornbusches eine Gottesbegegnung. (Ex 3,5)

57 a **Mit 12 Edelsteinen,** z. B. Rubin, Saphir, Topas, Smaragd und Diamant, war die Lostasche für den bei der Rechtsprechung verwendeten Schiedsspruch am Gewand Aarons, des ersten Hohepriesters, besetzt. Jeder Stein war in Gold gefasst und trug als Gravur jeweils einen Namen der zwölf Stämme Israels. (Ex 28,15-21)

58 d **Delila** war die Geliebte Simsons, der wegen seiner übermenschlichen Kraft als Held Israels im Kampf gegen die Philister gerühmt wurde. Mit List und Beharrlichkeit entlockte sie Simson das Geheimnis seiner Kraft, das in seinen Haaren lag, die noch nie geschnitten worden waren. Nachdem sie ihm im Schlaf die Haare abgeschnitten hatte, lieferte sie ihn an die Philister aus. (Ri 16,4-22)

59 b **Durch ein sanftes, leises Säuseln** vernahm Elija in einer Höhle am Berg Horeb Gottes Stimme, nachdem er angenommen hatte, Gott würde sich in starken Naturgewalten, wie Sturm, Erdbeben und Feuer, zeigen. (1 Kön 19,12-18)

60 b **3 Tage und 3 Nächte** war Jona im Bauch des Fisches, wo er voller Zuversicht für seine Rettung betet, bevor der Fisch ihn wieder ausspie und er sich auf den Weg nach Ninive machte, um die Einwohner der Stadt zur Umkehr aufzurufen. (Jona 2,1)

61 a **einsetzen** »Gott setzte mir anderen Nachwuchs ein für Abel, weil ihn Kain erschlug«, erklärte Eva, nachdem sie ihren dritten Sohn geboren hatte (Gen 4,25). Nach Gen 4,25–5,29 war der Archenbauer Noach einer der Nachfahren Sets.

62 b **Jäger** Als »tüchtiger Jäger vor dem Herrn« wird er beschrieben. Die Beschreibung des Enkels Noachs als legendäre Gestalt ist sprichwörtlich geworden. Die Lust zu jagen wird vielen Fürsten aus Assyrien nachgesagt, was Reliefs aus dieser Epoche bezeugen. Der Name Nimrods ist noch heute auf Trümmern am Tigris zu finden. (Gen 10,8-12)

63 d **Erdpech** ist ein in der Natur vorkommendes, brennbares Bitumengemisch, das als Mörtel für die aus Lehm gebrannten Backsteine genutzt wurde. Heute gibt es Bitumina, die durch Erdöldestillation gewonnen werden. (Gen 11,3)

64 b **Er sagte die Wahrheit.** Sara war seine Halbschwester. Sie hatten beide einen gemeinsamen Vater, aber nicht dieselbe Mutter. Auch Sara bekannte, dass Abraham ihr Bruder sei. Aufgrund dessen hätte König Abimelech Sara, die mit Abraham als Fremde im Negeb-Gebiet lebte, fast zur Frau genommen. (Gen 20,12)

65 d **weil seine Mutter es wollte** Batseba brachte ihren Sohn Salomo mit List auf den Thron. Mit Hilfe des Propheten Nathan setzte sie bei dem hochbetagten König David durch, dass ihr Sohn Salomo zum Thronnachfolger ausgerufen wurde. (1 Kön 1,30)

66 a **1** Tochter mit Namen Dina schenkte ihm Lea, neben sechs Söhnen. Dina wurde von Sichem, einem Königssohn, vergewaltigt. Ihre Brüder rächten die Entehrung ihrer Schwester grausam, obwohl Sichem für diese Schandtat Entschädigungszahlungen angeboten hatte. (Gen 34,1)

67 c **5** glatte Steine suchte sich David aus dem Bach, denn mit

seiner Steinschleuder wollte er den Riesen Goliat besiegen. Er verzichtete auf die Rüstung, die ihm König Saul anbot, denn sie war ihm zu unbequem. Er wollte mit der Waffe kämpfen, die ihm als Hirte vertraut war. (1 Sam 17,40)

68 c **Josua** betonte, um mit gutem Beispiel voranzugehen, auf dem Landtag in Sichem vor den zwölf Stämmen Israels, dass er Gott dienen wolle. Gern wird dieses Bibelwort als Hochzeits- und Hausspruch gewählt. (Jos 24,15)

69 a **mit einem hölzernen Joch** Das Joch ist ein Querholz an den Wagendeichseln, das Zugtieren beim Anspannen auf den Nacken gelegt wird. Oft wird es als Symbol für auferlegte Unterdrückung und Zwangsherrschaft verwendet. Jeremia lief mit einem Joch auf dem Nacken durch die Straßen Jerusalems, um das kommende Exil Israels und Judas zu veranschaulichen. (Jer 27,2)

70 b **Gemüse und Wasser** erbat Daniel für sich und seine drei Freunde. Als gläubiger Jude befolgte er die Speisegebote Gottes und wollte sich durch fremden Fleisch- und Weingenuss nicht verunreinigen. (Dan 1,12)

1 b **2 Tauben** waren die vorgeschriebene Opfergabe einer Wöchnerin, die aus armen Verhältnissen kam. Durch dieses Reinigungsopfer sollte die durch die Geburt entstandene rituelle Unreinheit beseitigt werden. (Lk 2,22-24).

2 c **12** Obwohl Jesus nur fünf Brote und zwei Fische an die fünftausend Menschen verteilen konnte – mehr war nicht vorhanden –, füllten die Brotreste, die nach dem Essen von den Jüngern eingesammelt wurden, insgesamt 12 Körbe. (Joh 6,13)

3 a **Synagoge** (hebräisch »Beth Haknesset« = »Haus der Versammlung/Zusammenkunft«) Die Synagoge ist das jüdische Lehr- und Gebetshaus und der Treffpunkt der jüdischen Gemeinde. Als frommer Jude ging Jesus in die Synagoge, um zu lehren und die Schrift auszulegen. (Mt 13,54)

4 b **Maria und Marta** erfreuten Jesus in ihrem Haus in Betanien mit einer guten Bewirtung (Marta) und einem offenen Ohr (Maria). Jesu ist beides wichtig: die äußere Bereitschaft und Mühe, aber auch die innere Anteilnahme und Aufnahme des Wortes Gottes. (Lk 10,38-39).

5 c **die arme Witwe** Die Frau hatte nur zwei Leptá (1 Lepton = 1/144 Drachme), also zwei sehr kleine Münzen in den Opferkasten geworfen, doch es war eine große Opfergabe, da sie alles gab, was sie an diesem Tag zum Leben hatte. (Mk 12,43)

6 c **40 Tage** Nachdem Jesus von Johannes dem Täufer im Jordan getauft worden war, zog sich Jesus in die Einöde der Wüste Judäas zurück und verbrachte dort 40 Tage in Einsamkeit. Am Ende dieser Zeit wurde er vom Teufel in Versuchung geführt. (Lk 4,1)

7 d **Er schlief,** während auf dem See ein mächtiger Sturm tobte. Die Jünger, die mit ihm auf dem Boot waren, hatten große Angst und weckten deshalb Jesus, damit er sie beschütze. (Mt 8,24) Da der See Gennesaret 209 Meter unter dem Meeresspiegel liegt, kommt es durch Fallwinde öfter zu Stürmen.

8 b **Kinder** Die Menschen brachten ihre Kinder zu Jesus, damit er sie segnete und für sie betete. Doch die Jünger empfanden sie als störend. Daraufhin wies Jesus die Jünger zurecht. Er schenkte den Kindern, trotz ihrer religiösen Unmündigkeit, besondere Beachtung (Mt 19,13).

9 b **auf dem Weg nach Emmaus** Noch am Auferstehungstag fand die Begegnung zwischen Jesus und den beiden Jüngern statt. Unterwegs legte Jesus den beiden Jüngern die Schrift aus, doch erst beim Brotbrechen in der Herberge erkannten die beiden ihren Weggefährten als den Auferstandenen. (Lk 24,32)

10 c **Um Jesu Kleider** warfen die römischen Soldaten das Los, wahrscheinlich den Würfel. Das Würfelspiel war bei den Römern sehr verbreitet. Normalerweise wurden die Kleider eines Verurteilten in Stücke geschnitten und der Stoff unter den Soldaten aufgeteilt. Das wertvollere Obergewand sollte jedoch in einem Stück bleiben und wurde deshalb verlost. (Mk 15,24)

11 b **Mutter Maria** Als Jesus mit seinen Jüngern zur Hochzeit in Kana war, begleitete ihn auch seine Mutter. Hier in Kana wirkte Jesus sein erstes Zeichen: die Verwandlung von Wasser in Wein. Noch heute wird in der Ostkirche zu Epiphanie an dieses Ereignis erinnert. (Joh 2,1-2)

12 b **Quirinius** P. Sulpicius Quirinus war ein Beamter, der das besondere Vertrauen des Kaisers besaß. Er wurde, nach urkundlicher Erwähnung, am 1. 1. 12 v. Chr. zum Konsul berufen und dann in den Orient gesandt. In der römischen Provinz Syrien war er Statthalter zur Zeit der Volkszählung. (Lk 2,2)

13 a **am Tag der Beschneidung** Die Beschneidung ist nach biblischem Bericht auf Abraham zurückzuführen und durch Mose bestätigt worden. Sie gilt bis heute als Zeichen des Bundes und der Zugehörigkeit zum Gottesvolk. Zur Zeit Jesu war mit diesem Ritual auch die Namensgebung verbunden. (Lk 2,21)

14 b **Lamm** Das Essen des Paschalammes sollte an die Rettung des Volkes Israel in Ägypten erinnern, als man mit dem Blut geschlachteter Lämmer die Türen zu den Häusern der Israeliten kennzeichnete, zum Schutz vor der zehnten Plage, die über das Land Ägypten kommen sollte, um alle Erstgeborenen umzubringen (Ex 12,1-13). Das Essen des Lammes war eingebunden in das Paschamahl, genau so wie das Brechen des Brotes und das Trinken von vier Bechern Wein. (Lk 22,7)

15 d **mit Lehrern** Unter Lehrern saß Jesus im Tempel und diskutierte mit ihnen, als ihn Maria und Josef in Jerusalem suchten (Lk 2,46). Im Judentum wird der als Lehrer bezeichnet, der durch die Auslegung der Heiligen Schrift den Weg Gottes aufzeigt.

16 c **zum Dienen** Jesus sagte, dass die Herrscher bisher ihre Macht missbrauchten und ihre Völker unterdrückten, doch bei den Jüngern solle derjenige herrschen, der bereit war zu dienen. »Denn auch der Menschensohn ist nicht gekommen, um sich dienen zu lassen, sondern um zu dienen.« (Mk 10,44-45)

17 d **drei Hütten** Die Verklärung Jesu soll der Überlieferung nach auf dem Berg Tabor stattgefunden haben. Dieser 588 m hohe Berg hebt sich kuppelförmig aus der Jesreel-Ebene heraus. Petrus machte den Vorschlag, drei Hütten zu bauen, je eine für Jesus, Mose und Elija. Damit wollte er das Geschehen festhalten, dessen Bedeutung er nicht recht verstehen konnte. (Lk 9,33)

18 a **Gottes Lamm** war eines der Hauptsymbole des Johannes für Jesus, um zu zeigen, dass Jesus das Lamm ist, das sich für die Menschen opfert. In der jüdischen Gesellschaft war das Lamm, das als Quelle für Kleidung und Nahrung diente, eines der wichtigsten Opfertiere. (Joh 1,29)

19 d **Menschenfischer** Die beiden Brüder Simon Petrus und Andreas, die in Kafarnaum lebten und sich durch Fischfang ihren Lebensunterhalt verdienten, rief Jesus in seinen Jüngerkreis. Sie sollten zukünftig nicht mehr Fische, sondern Menschen fischen, d. h. Menschen für das »Himmelreich« gewinnen. (Mt 4,19)

20 a **In Nazaret** erschien der Erzengel Gabriel der Jungfrau Maria. Jährlich feiert die Kirche deshalb am 25. März, neun Monate vor der Geburt des Messias, das Fest Mariä Verkündigung. (Lk 1,26-27) Fällt dieses Datum allerdings in die Karwoche oder die Osteroktav, wird das Fest am Montag nach dem Weißen Sonntag nachgefeiert.

21 d **Lasst euch töten,** dazu forderte Jesus nicht auf. Ihm ging es darum, wenn man Unrecht erlitten hatte, nicht in Rache zu verfallen und nicht Böses mit Bösem zu vergelten. (Mt 5,39-41)

22 d **Augustus Gaius Octavius** (63 v. Chr. bis 14 n. Chr.) wurde nach der Ermordung Julius Cäsars 44 v. Chr. als römischer Kaiser eingesetzt. Während seiner Regierungszeit beendete er den Bürgerkrieg im römischen Reich und stellte für lange Zeit Frieden her. Der Senat verlieh ihm 27 v. Chr. den Ehrennamen Augustus (der Erhabene). (Lk 2,1)

23 d **Zwilling** ist die deutsche Übersetzung des hebräischen Namens des Apostels Thomas, der mit zu dem Zwölferkreis Jesu gehörte. Uns ist er besonders durch seine Rolle als »ungläubiger Thomas« bekannt. Der Überlieferung nach soll es Thomas gewesen sein, der das Evangelium nach Indien gebracht hat. (Joh 20,24)

24 c **3 Monate** Einige Tage, nachdem der Erzengel Gabriel Maria die Geburt Jesu verkündet hatte, machte sich Maria auf den Weg in eine Stadt im Bergland von Judäa, um Elisabet, die Frau des Zacharias und zukünftige Mutter Johannes' des Täufers, zu besuchen. Nach drei Monaten kehrte sie nach Hause zurück. (Lk 1,56)

25 c **30 Jahre** etwa war Jesus alt, als er begann, in der Öffentlichkeit aufzutreten und zu wirken. Aus den verschiedenen Zeitangaben der Evangelien ergibt sich, dass Jesus sein öffentliches Wirken wohl im Jahr 28 begann. (Lk 3,23)

26 c **Sie durchbrachen ein Dach.** Die Männer wollten ihren Freund zu Jesus bringen, damit dieser ihn heile. Da das Haus in Kafarnaum, in dem Jesus sich aufhielt, von so vielen Menschen umgeben war, dass sie nicht zur Tür hereinkamen, stiegen sie auf das Haus. Sie deckten das Flachdach ab und ließen von hier aus den Gelähmten auf einer Tragbahre hinab zu Jesus. (Mk 2,4)

27 d **Nazaret** war ein unbedeutendes kleines Dorf in den Bergen Galiläas, in dem Jesus aufwuchs, daher auch die Bezeichnung »Jesus von Nazaret«. Nazaret lag fernab der großen Verkehrswege in einem von Hügeln umgebenen Tal. In der Kindheitsgeschichte Jesu wird es erstmals in der Bibel erwähnt. (Lk 2,51)

28 a **Lazarus** wird im Johannesevangelium als guter Freund Jesu bezeichnet. Er wohnte zusammen mit seinen Schwestern Marta und Maria in Betanien. Lazarus wurde von Jesus vom Tod auferweckt, obwohl er schon vier Tage im Grab gelegen hatte. (Joh 11,1-2)

29 a **Hosanna,** aus dem Hebräischen »Hilf doch« kommend. Dieser Ruf wurde zum Freudenruf, der durch Jesu Einzug in Jerusalem bekannt wurde. In die kirchliche Liturgie wurde dieser Ruf unübersetzt übernommen. (Mk 11,9)

30 d **König Herodes der Große** wies den Sterndeutern den Weg, nachdem Gelehrte in den Schriften des Propheten Micha den Geburtsort des »neugeborenen Königs« gefunden hatten. Hier kann man lesen: »Aber du, Betlehem-Efrata, so klein unter den Gauen Judas, aus dir wird mir einer hervorgehen, der über Israel herrschen soll.« (Mt 2,7-8; Mi 5,1)

31 c **Sonntagmorgen** Die Evangelisten berichteten, dass die Frauen am ersten Tag der Woche, der nach der jüdischen Wocheneinteilung der Tag nach dem Sabbat (unserem heutigen Samstag) ist, zum Grab gegangen waren. Dieser Wochentag, der Tag, an dem Christus auferstand, wurde im 4. Jahrhundert durch Kaiser Konstantin zum christlichen Ruhe- und Feiertag erklärt. (Mk 16,2)

32 c **Haar** Nachdem Maria die Füße Jesu mit einem Pfund (damals etwa 320 Gramm) echtem, kostbarem Nardenöl eingesalbt hatte, trocknete sie diese mit ihrem Haar (Joh 12,3). Nardenöl war ein wohlriechendes, aus Pflanzen gewonnenes Öl, das schon von den Römern als edles Parfüm geschätzt wurde.

33 c **Paschafest** Die Juden feiern bis heute dieses Fest zur Erinnerung an den Auszug ihres Volkes aus Ägypten. Sie danken Gott für die Befreiung aus der Sklaverei. Es gehört zu den drei großen Wallfahrtsfesten. Zur Zeit Jesu pilgerten die frommen Juden nach Jerusalem, um im Tempel zu feiern. Kalendermäßig fällt das Paschafest auf den Monat Nissan. Das ist die Jahreszeit, in die auch ungefähr unsere Osterzeit fällt. (Lk 2,41)

34 c **wach zu bleiben** Jesus ergriff große Furcht über das, was ihm in den nächsten Tagen in Jerusalem bevorstand. Deshalb bat er in Getsemani, einem Garten am Ölberg, seine Jünger wach zu bleiben, um ihn im Gebet zu unterstützen. (Mk 14,34)

35 a **Fieber** gehörte mit zu den vielen Krankheiten, die Jesus bei seinem Wirken in Kafarnaum heilte: Nachdem Jesus mit seinen Jüngern die Synagoge verlassen hatte, ging er in das Haus des Simon und heilte dessen Schwiegermutter vom Fieber. (Mt 8,14-15)

36 d **Matthäus** wurde aus seiner Arbeit im Zollamt heraus zum Jünger berufen. Nur das Matthäusevangelium spricht von Matthäus, dem Mitglied des Zwölferkreises und späteren Apostel. Bei Markus und Lukas fehlt dieser Hinweis; bei ihnen heißt der Zöllner Levi. (Mt 9,9)

37 d **gar nichts** Die Jünger sollten sich allein auf Gott und die Gastfreundlichkeit der Menschen verlassen. Sie sollten darauf vertrauen, dass der Arbeiter im Reich Gottes seinen Lohn bekommt. (Lk 9,3; 10,7)

38 c **König der Juden** Die Pilatusfrage »Bist du der König der Juden?« stand im Mittelpunkt des Verhörs durch Pontius Pilatus im Prätorium. Die Bezeichnung »Jesus von Nazaret, der König der Juden« (INRI) ließ Pilatus auch als Grund für die Hinrichtung auf einer Tafel in drei Sprachen (hebräisch, lateinisch, griechisch) am Kreuz anbringen. (Lk 23,3)

39 c **Jakobus,** sein Bruder Johannes, sowie Petrus gehörten zu den bevorzugten Jüngern Jesu (Mk 10,35). Er wurde um 44 n. Chr. unter Herodes Agrippa I. geköpft und war damit der erste Märtyrer unter den Aposteln. Jakobus wird besonders in Spanien verehrt, wo er das Evangelium verkündigt haben soll. Seine Gebeine werden seit dem 9. Jh. in Santiago de Compostela verehrt. Sein Namenstag ist der 25. Juli.

40 a **Einen Wasserkrug** trug der Mann. Es war traditionell Aufgabe der Frauen, zur Wasserstelle zu gehen und das Wasser zu holen, das im Haushalt gebraucht wurde. Wenn ein Mann einen Wasserkrug auf der Schulter trug, war dies deshalb ein sehr auffälliges Erkennungszeichen. (Mk 14,13)

41 c **Betanien** Auf dem Weg zum Paschafest nach Jerusalem machte Jesus im Dorf Betanien Rast. Im Haus seines Freundes Lazarus und dessen Schwestern Maria und Marta war Jesus immer ein willkommener Gast (Joh 12,1-3). Betanien liegt an der Straße nach Jericho, etwa 3 km von Jerusalem entfernt.

42 d **Kaiser** Tiberius war zur Zeit Jesu auf der Münze abgebildet. Der silberne Denar, der gegen Ende des 3. Jh. v. Chr. im römischen Reich eingeführt wurde, zeigte auf der Vorderseite das Brustbild des Kaisers mit Lorbeerkranz und auf der Rückseite den Schriftzug »Pontifex Maximus«, was den Kaiser gleichzeitig als obersten Priester titulierte. Jesus trug solches Geld nicht bei sich, da es in den Augen der frommen Juden Götzengeld war. (Mk 12,16)

43 a **David** Josef stammte aus dem Haus David (Lk 1,27), der im 10. Jahrhundert v. Chr. König in Israel war. Mit der Betonung der Abstammung von David soll veranschaulicht werden, dass sich in Jesus die an David ergangene messianische Verheißung erfüllt hat. (2 Sam 7,12-16, vgl. Jes 11,1)

44 b **Bartimäus** (aramäisch = Sohn des Timäus) war ein blinder Bettler vor den Toren Jerichos, dessen Name nur der Evangelist Markus erwähnt. Unbeirrt von denen, die

ihn zum Schweigen bringen wollten, bat er Jesus um sein Erbarmen und wurde geheilt. (Mk 10,46)

45 a **Schweine** in Herden gab es bei Gerasa, einer Stadt im heidnischen Gebiet der Dekapolis (Zehn-Städtebund). Im Judentum galten Schweine, weil sie nicht wiederkäuen, als unreine Tiere, deshalb erlaubte Jesus den ausgetriebenen Dämonen, in die Schweine zu fahren. (Lk 8,32-33)

46 c **nach Jerusalem** »Dann kehrten sie (die Jünger) in großer Freude nach Jerusalem zurück. Und sie waren immer im Tempel und priesen Gott« (Lk 24,52-53), denn Jesus hatte den Jüngern aufgetragen, in Jerusalem zu bleiben, bis er ihnen den Heiligen Geist gesendet hatte. Der Ort von Jesu Himmelfahrt liegt ca. 1400 m von Jerusalem entfernt auf dem Ölberg. Die Ölbaumbasilika (Eleonakirche) und die Himmelfahrtmoschee erinnern dort noch heute an dieses Ereignis.

47 c **Geh und sündige nicht mehr.** Mit dieser Aufforderung gab Jesus der Ehebrecherin eine Chance, ihr Leben zu ändern. Jesus verurteilte die von den Pharisäern gebrachte Frau nicht, obwohl das jüdische Gesetz vorschrieb, Ehebrecherinnen zu steinigen. (Joh 8,11)

48 c **Kafarnaum** war eine bedeutende Stadt am Nordwestufer des Sees Gennesaret. Die blühende Hafenstadt war Zentrum eines großen Teils von Jesu Wirken, »seine« Stadt, wie Matthäus berichtet, und Ort vieler Wunderberichte. (Mk 1,21-34; 4,13; 9,1)

49 d **Maria aus Magdala,** auch Maria Magdalene genannt, war von Jesus geheilt worden und folgte ihm. Sie war am Morgen des Ostersonntags die erste Zeugin der Auferstehung Jesu. (Joh 20,1)

50 c **Frauen** gehörten mit zum Jüngerkreis Jesu. Mit ihrem Besitz unterstützten sie ihn, z. B. Maria Magdalene, Johanna und Susanna, und kümmerten sich wohl auch um das leibliche Wohl Jesu und seiner Jünger. (Lk 8,1-3)

51 b **»Geh weg von mir,** ich bin ein Sünder.« Das war die erste Reaktion des Simon Petrus auf den überwältigenden Fischfang, der ihn in Erschrecken und Staunen versetzt hatte. (Lk 5,8)

52 d **Der Pflug** (ursprünglich hölzern, dann eisern) war das typische Ackergerät für die Region. Da Pflügen eine schwere Arbeit war, bedurfte sie aller Kraft und Konzentration. Jesus sagte: »Keiner, der die Hand an den Pflug gelegt hat und nochmals zurückblickt, taugt für das Reich Gottes.« (Lk 9,62)

53 b **Natanael** gehörte zu den Jüngern, jedoch nicht zum engeren Kreis. Sein Ausspruch rührte wahrscheinlich daher, dass Nazaret vor der Zeit Jesu eine unbedeutende Stadt an der Südgrenze Galiläas war, aus der deshalb nichts Bedeutsames zu erwarten war. (Joh 1,46)

54 b **dem Priester** Aussätzige wurden aus der bürgerlichen und kultischen Gemeinde ausgeschlossen. Nach dem Gesetz musste sich daher ein vom Aussatz Geheilter dem Priester zeigen, denn erst durch dessen Votum wurde er wieder in die Gemeinschaft aufgenommen. (Mk 1,44)

55 a **Betsaida** = Fischhausen war eine Stadt am Nordufer des Sees Gennesaret. Hier waren Simon Petrus, Andreas und Philippus zu Hause. Jesus hatte die Jünger mit dem Boot nach Betsaida vorausgeschickt, doch wegen des Gegenwindes kamen sie kaum voran. Nach etlichen Stunden – es war bereits tiefste Nacht – kam Jesus zum Erstaunen der Jünger zu ihnen übers Wasser, stieg in ihr Boot, und der Wind legte sich. (Mk 6,45)

56 d **Er weinte** über Jerusalem, weil er schon die künftige Zerstörung der Stadt sah (Lk 19,41). Jerusalem wurde 70 n. Chr. durch Titus, den Sohn Kaiser Vespasians, erobert. Das war fünf Jahre nach dem Beginn des jüdischen Aufstandes gegen die Römer. Dabei wurde auch der Tempel zerstört und niedergebrannt.

57 a **Neben Jesus zu sitzen** und in der zukünftigen Herrlichkeit mit Jesus als König zu triumphieren, war der Wunsch der Söhne des Zebedäus. Durch diesen selbstsüchtigen Wunsch zogen sie sich den Unmut der zehn anderen Apostel zu. (Mk 10,35-36).

58 d **mit Polstern** Liegepolster, auf denen man mehr lag als saß, umgaben niedrige Tische. Männer lagen dabei gestützt auf den linken Arm mit den Füßen nach hinten. Man »lag« also »zu Tisch«. Deshalb spricht man bei einem großen Festessen auch von einem »Gelage«. (Lk 22,12)

59 c **traurig** Der junge Mann wollte Jesus gern folgen. Aber die radikale Forderung Jesu, alles zu verkaufen und das Geld den Armen zu geben, konnte er nicht erfüllen, weil er sich von seinen Reichtümern nicht trennen wollte. (Mt 19,22)

60 c **3 Brote** erbat sich der Freund, da er zu später Stunde Besuch bekommen hatte. Wegen seiner Beharrlichkeit erhielt er sie (Lk 11,5-7). Mit diesem Gleichnis wollte Jesus seinen Jüngern zeigen, dass es nie vergeblich ist, wenn man Gott um etwas bittet.

61 a **300 Denare** hätte der Verkauf des kostbaren Nardenöls eingebracht, was dem damaligen Jahresverdienst eines Arbeiters entsprach. Das duftende Öl wurde aus den Stängeln und Pfahlwurzeln der Echten Narde, einem Baldriangewächs, hergestellt. Es war im Altertum eine begehrte Handelsware. (Joh 12,5)

62 b **Samaritaner** war ursprünglich die Bezeichnung für die Bewohner der Region Samaria, zwischen Galiläa im Norden und Judäa im Süden. Die Samaritaner, oder wie die Bibel sie auch nennt »die Samariter«, verweigerten oft den nach Jerusalem pilgernden Juden die Durchreise, was auf eine alte Feindschaft zurückging. Später wurde daraus der Name für eine Religionsgemeinschaft. Eine kleine Kultgemeinde lebt heute noch in Nablus, am Fuße des Berges Garizim, den sie als Heiligtum verehren. (Lk 9,52-53)

63 c **72** Die Zahl 72 (oder 70) stand zur Zeit Jesu traditionell für die Anzahl der Heidenvölker, was bedeutete, dass die Jünger »aller Welt« die Botschaft Jesu verkünden sollten. (Lk 10,1)

64 a **ein Enge**l Vor seiner Gefangennahme im Garten Getsemani bat Jesus im Wissen um die bevorstehenden Leiden Gott darum, dass »der Kelch von ihm genommen werde«, doch nicht Jesu Wille, sondern der Wille seines Vaters solle geschehen. Während er betete, »erschien ihm ein Engel vom Himmel und gab ihm neue Kraft«. (Lk 22,43)

65 b **dem Opferkasten gegenüber** Im inneren Vorhof des Tempels, dem so genannten Frauenhof, zu dem auch die Männer Zutritt hatten, befand sich die Schatzkammer mit dreizehn trompetenförmigen Opferbecken. Die Opfermünzen wurden von einem Priester überprüft und dann in den Opferstock geworfen. (Mk 12,41)

66 c **Nikodemus** war nach dem Bericht des Johannesevangeliums ein frommer Ratsherr, ein Schriftgelehrter mit hervorragendem Ruf, der mit Jesus über die Wiedergeburt aus Wasser und Geist sprach (Joh 3,1). Im Johannesevangelium wird er noch zwei Mal erwähnt: Er tritt im Hohen Rat für Jesus ein und trägt zur ehrenvollen Bestattung Jesu bei. (Joh 7,50; 19,20)

67 b **Mit Abraham,** dem Stammvater des jüdischen Volkes, begann der Evangelist nicht nur den

Stammbaum Jesu, sondern auch sein Evangelium. (Mt 1,2)

68 **d Winter** Das Fest Chanukka, auch Lichterfest genannt, wird bis heute noch zur Erinnerung an die Reinigung des Tempels und die Weihe des Tempelleuchters nach dem Sieg über die Syrer gefeiert. Im Jahr 165 v. Chr. gab Judas Makkabäus die Anordnung, acht Tage lang, vom 25. Kislew an, also im Dezember, des Sieges zu gedenken. (Joh 10,22-23)

69 **c Seine Frau** schickte Pontius Pilatus eine Botschaft. Er solle die Hände von Jesus lassen, weil Jesus unschuldig sei. Außerdem hatte sie deshalb in der letzten Nacht einen furchtbaren Traum gehabt. Mit ihrer Nachricht wollte sie ihren Mann warnen. (Mt 27,19)

70 **d Brot und Fisch** hatte Jesus am Kohlefeuer für die vom erfolgreichen Fischfang zurückkehrenden Jünger Simon Petrus, Thomas, Natanaël sowie die Söhne des Zebedäus und zwei weitere Jünger vorbereitet, nachdem er sie nach einem vergeblichen Fang nochmals auf den See Gennesaret hinausgeschickt hatte. An ihren vollen Netzen und an der Einladung zum Essen erkannten sie Jesus als den Auferstandenen. Das war die dritte Erscheinung vor den Jüngern. (Joh 21,13)

1 a **Kornelius** war Hauptmann der italischen Kohorte, die in Cäsarea stationiert war, und ein gottesfürchtiger Mann. Ein Engel hatte ihn in einer Vision beauftragt, Petrus aus Joppe holen zu lassen, damit dieser das Wort Gottes verkünde. Dann ließ Kornelius sich taufen. (Apg 10,1-48)

2 d **Sie beteten und sangen** Loblieder, obwohl sie im innersten Teil des Gefängnisses an den Füßen im Block gefesselt waren, um nicht entfliehen zu können. Die anderen Gefangenen lauschten ihnen. (Apg 16,25)

3 a **wie Edelstein** Johannes sieht in einer Vision das neue Jerusalem, das »glänzte wie ein kostbarer Edelstein, wie ein kristallklarer Jaspis« (Offb 21,10-11). Im Altertum wurde der Name »Jaspis« (griech. = gesprenkelter Stein) für verschiedene grüne, durchsichtige Steine verwendet. Man schrieb dem Jaspis magische und heilende Kräfte zu, z.B. als Gegenmittel gegen Schlangengift.

4 d **Liebe** In einem Brief an die Gemeinde in Korinth beschreibt Paulus in wunderbaren Wortbildern die Liebe, die er noch vor Glaube und Hoffnung als die höchste Gnadengabe bezeichnet. Dieser Abschnitt des Briefes trägt auch den Namen »Das Hohelied der Liebe«. (1 Kor 13,1-13)

5 a **Als berufener Apostel** sah sich Paulus in seinen Briefen an die Römer und Korinther und bezog sich damit auf den Beginn und das Ziel seines Auftrags. Nicht um seiner selbst willen sei er unterwegs, sondern als Apostel (griech. = Gesandter, Bote) im Auftrag Christi. (Röm 1,1; 1 Kor 1,1)

6 b **Die Berufung vor Damaskus** In einer Vision erschien Christus dem Paulus, als dieser nach Damaskus unterwegs war. Durch dieses Ereignis verwandelte sich der eifrige Verfolger der jungen christlichen Gemeinde in ihren größten Missionar, der – obwohl nicht einer der Zwölf – deshalb auch mit dem Ehrentitel »Apostel« bezeichnet wird. (Apg 9,3-8; Gal 1,15-16; Phil 3,7-11)

7 c **Ein Erdbeben** erschütterte die Gefängnismauern und ließ die Türen des Gefängnisses und die Schlösser der Fesseln aufspringen. Trotzdem entflohen die Gefangenen nicht. Davon war der Gefängniswärter so stark beeindruckt, dass er Paulus und Silas aus dem Gefängnis in seine Wohnung führte, sie bewirtete und sich und all seine Angehörigen taufen ließ. (Apg 16,26-34)

8 b **Jakobus der Ältere,** Bruder des Johannes, verkündete der Überlieferung zufolge nach Pfingsten in der Gegend um Samaria und Jerusalem das Evangelium, bis er auf Befehl König Herodes Agrippa I. gefangen genommen und im Jahre 43 mit dem Schwert hingerichtet wurde. (Apg 12,1-2)

9 b **Er war eingeschlafen** bei der langen Rede des Paulus in Troas, die bis nach Mitternacht dauerte. Da er am offenen Fenster gelehnt hatte, fiel er hinaus und erlag seinem Sturz aus dem 3. Stock, doch Paulus erweckte ihn wieder zum Leben. (Apg 20,9-10)

10 a **Die Apostelgeschichte** hat von Kapitel 9 bis 28 alle Reisen mit der Beschreibung der Reisewege und den Ereignissen in den verschiedenen Aufenthaltsorten zum Inhalt. Dies beginnt mit der Berufung des Paulus vor Damaskus im Jahre 34 und endet mit seiner Ankunft in Rom im Jahre 59.

11 b **Arzt** Der Arzt Lukas war der Autor des dritten Evangeliums und der Apostelgeschichte. Er war ein griechischer Heidenchrist, vermutlich in Antiochia geboren. Er begleitete Paulus auf seiner zweiten Missionsreise von Troas bis Philippi, war mit ihm in Jerusalem und stand ihm auf seiner Reise nach Rom sowie in Rom selbst zur Seite. (Kol 4,14)

12 c **Kämmerer** Der Äthiopier, der den Tempel in Jerusalem besucht hatte, war Hofbeamter und Schatzverwalter der Königin von Äthiopien, die den Titel Kandake trug (Apg 8,27). Über die Schriften des Propheten Jesaja kam er auf seiner Heimreise mit Philippus ins Gespräch, der ihm daraufhin das Evangelium verkündete und ihn taufte.

13 c **Der 1. Thessalonicherbrief** Auf seiner zweiten Missionsreise hatte Paulus um 50 die Gemeinde von Thessalonich (heute Thessalonik/Griechenland) gegründet, musste aber bald darauf die Stadt verlassen. In Korinth ließ er sich von Timotheus über die Gemeinde berichten und schrieb den uns vorliegenden Brief.

14 d **Sein Mitarbeiter** Titus, Sohn heidnischer Eltern und wahrscheinlich von Paulus in Antiochia bekehrt, war einer der engsten Mitarbeiter des Paulus und Begleiter auf dessen zweiter Missionsreise. Paulus übertrug ihm die Verantwortung für die Kirche in Kreta. (Gal 2,1-5; Tit 1,4-5)

15 d **Wein** statt Wasser sollte Timotheus trinken, da Wein die ungesunden Wirkungen des meist nicht sauberen Trinkwassers mildern konnte. Außerdem unterstützt Wein die Funktion der Magensäure. (1 Tim 5,23)

16 d **Zeltmacher,** ein tuch- und lederverarbeitendes Handwerk, übte Paulus während seines Aufenthaltes in Korinth aus. Er wohnte dort bei Aquila und Priszilla, die das gleiche Handwerk betrieben, und wollte so vermeiden, der Korinther Gemeinde finanziell zur Last zu fallen. (Apg 18,3)

17 c **Mit dem Schiff** fuhren sie von der alten Hafenstadt Attalia, heute das türkische Antalya, über das Mittelmeer zurück nach Antiochia, dem heutigen Antakya an der türkisch-syrischen Grenze. Die Reise mit dem Schiff war damals eine gute Möglichkeit, größere Strecken von Land zu Land zurückzulegen. Die Hauptsegelzeit beschränkte sich wegen des Wetters auf die Monate Mai bis September. (Apg 14,25-26)

18 b **Schneiderin** Röcke und Mäntel nähte Tabita (aramäisch = Gazelle) für die Gemeinde in Joppe. Paulus wurde aus dem nahe gelegenen Lydda gerufen, um Tabita wieder zum Leben zu erwecken. (Apg 9,36-41)

19 b **Sendschreiben** heißen die Briefe, die Johannes auf der Insel Patmos während der Zeit der Christenverfolgung an die sieben Gemeinden in Ephesus, Smyrna, Pergamon, Thyatira, Sardes, Philadelphia und Laodizea schrieb, um sie zu ermutigen, standhaft zu bleiben.

20 a **Er wurde blind.** Bei einer Christusvision erblindete Paulus und wurde von seinen Begleitern nach Damaskus geführt, wo er drei Tage nichts aß und trank. Danach wurde er von Hananias, einem Christen aus Damaskus, geheilt. (Apg 9,8-9.17-18)

21 a **Matthias** und Josef, genannt Barsabbas, zwei Jünger, die auch die ganze Zeit mit Jesus unterwegs waren, standen zur Wahl. Das Los fiel auf Matthias (hebr. = Geschenk Gottes), und so gehörte er von da an zum Kreis der Apostel. (Apg 1,23-26)

22 b **Petrus** In Jerusalem hatte Petrus eine große Zuhörerschaft, da gerade das jüdische Erntefest, Schawuot, gefeiert wurde. Er predigte dort voller Begeisterung – der Heilige Geist hatte ihn und die anderen Apostel erfüllt – von Jesu Mission in dieser Zeit und Welt. (Apg 2,14-36)

23 c **Heilungswunder** Petrus und Johannes heilten im Namen Jesu einen Mann, der von Geburt an gelähmt war und täglich an das »Schöne Pforte« genannte Tor des Tempels zum Betteln gesetzt wurde. Die Menschen staunten über dieses Wunder, und der Geheilte schloss sich den beiden Jüngern an. (Apg 3,1-10)

24 c **Einen Soldaten,** der ein frommer Mann und ihm unterstellt war, beauftragte Kornelius nach seiner Vision, zusammen mit zwei Haussklaven nach Joppe zu gehen, um Petrus nach Cäsarea in sein Haus holen zu lassen. (Apg 10,7-8)

25 d **Philippus,** der aus Betsaida stammte, war einer der gewählten Sieben Diakone der Urgemeinde, der das Evangelium von Jesus über die Grenzen Jerusalems hinaustrug und sogar einen Äthiopier taufte. (Apg 8,26) (Nicht zu verwechseln mit dem Apostel Philippus!)

26 d **Den Seeweg** über das Mittelmeer wählte Paulus. Über die Stationen Kos, Rhodos, Patara und Zypern gelangte er so auf seiner dritten Missionsreise von Milet nach Tyrus in Syrien. Das Mitreisen auf Handelsschiffen war damals eine oft genutzte Reisemöglichkeit. (Apg 21,1-3)

27 b **Galatien** war die Adresse des Briefes, den Paulus um 55 von Ephesus aus schrieb und in dem er auf seine Besuche zurückblickte und Bezug nahm auf das, was die dortige Gemeinde bewegte. Mit Galatien ist das von Kelten besiedelte Stammland Galatien im Norden Kleinasiens gemeint, das sich heute im Gebiet um Ankara/Türkei befindet. (Die Theorie, dass mit Galatien die gesamte römische Provinz Galatien gemeint ist, die auch noch das Gebiet der südlicher gelegenen Pisidien und Teile von Lykaonien umfasst, gilt als unwahrscheinlich.)

28 b **Spanien** Nach seiner Tätigkeit im östlichen Teil des römischen Reiches wollte Paulus Spanien als neues Missionsgebiet bereisen, um dort Gemeinden zu gründen. Von diesem Reiseplan berichtete er im Brief an die Römer und hoffte darauf, dass sie sein Anliegen unterstützen werden. (Röm 15,24)

29 a **Herodes Agrippa II.** (ca. 27 bis 93/100) wurde als ältester Sohn Thronnachfolger von Herodes Agrippa I. Während seines Besuches in Cäsarea bei Festus, dem Prokurator von Judäa, wurde er zum »Anhörer« von Paulus' Rede über dessen Mission. (Apg 26,2)

30 b **In Damaskus,** wohin er nach seiner Christuserscheinung als Erblindeter geführt wurde, heilte ihn der dort lebende Christ Hananias. Danach ließ Paulus sich taufen und blieb einige Tage in der Gemeinde von Damaskus. (Apg 9,10-19)

31 c **Im Tempel,** dem religiösen Zentrum der Juden, kam die erste christliche Gemeinde Tag für Tag zur Lehre und zum Gebet zusammen. Außerdem trafen sie sich in ihren Häusern, um miteinander das Mahl zu halten. (Apg 2,46)

32 a **Essensverteilung unter den Witwen** Die griechisch sprechenden Frauen fühlten sich bei der täglichen Versorgung übergangen. Um diesen Missstand zu beheben, wurden für die Fürsorgetätigkeit sieben Jünger als Diakone ausgewählt, unter ihnen Stephanus. (Apg 6,1-7)

33 a **über die Stadtmauer** Seine Anhänger ließen Paulus in einem Korb an der Stadtmauer von Damaskus hinab und verhalfen ihm so zur Flucht vor den jüdischen Einwohnern, die ihm nach dem Leben trachteten. (Apg 9,25)

34 a **In die Synagoge** gingen sie an drei Sabbaten, um den Juden von Thessalonich Jesus Christus als den Messias zu verkündigen. Paulus' Gewohnheit war es, die jüdischen Gemeinden in der Diaspora an ihrem Versammlungsort, dem Gebets- und Lehrhaus, aufzusuchen. (Apg 17,1-2)

35 a **weil er einen Heiden getauft hatte** Bisher gehörten nur Judenchristen zur Gemeinde. Paulus hatte jedoch den heidnischen Hauptmann Kornelius getauft. Man hielt ihm deshalb vor, dabei das Haus eines Unbeschnittenen betreten und sogar mit ihm gegessen zu haben. Paulus belehrte sie, dass auch die Heiden zur Nachfolge Christi berufen sind. (Apg 11,1-18)

36 a **In einer Mietswohnung lebend** konnte Paulus nach römischem Recht unter Aufsicht eines oder mehrerer Soldaten bis zu seinem Prozess vor dem kaiserlichen Richterstuhl Besuch empfangen, weiterhin das Evangelium verkünden und seinem Beruf als Zeltmacher nachgehen. (Apg 28,30)

37 c **Lydia** stammte eigentlich aus Thyatira, einer Stadt in Lydien, an der Straße von Pergamon nach Sardes. Sie lebte jedoch als Purpurhändlerin mit ihrer Familie in Philippi, einer Stadt in der römischen Provinz Mazedonien an der Nordküste des Ägäischen Meeres. Sie ließ sich und ihre Familie nach der Predigt des Paulus in Philippi taufen. (Apg 16,14-15)

38 b **Timotheus** war Sohn einer Judenchristin und eines heidnischen Griechen und wurde wahrscheinlich von Paulus auf dessen erster Reise zum Glauben bekehrt. Als Paulus auf der Durchreise durch Lystra kam, wählte er Timotheus wegen dessen guten Rufes zu seinem Begleiter (Apg 16,1-3). Timotheus blieb Paulus' engster Mitarbeiter bis in dessen Zeit in Rom hinein. Er wurde Leiter der Gemeinde von Ephesus. (1 Tim 1,3)

39 b **Artemis,** deren Kultstatue das Symbol der Vegetation und Fruchtbarkeit darstellt, war die Stadtgöttin von Ephesus. Ihr Tempel, umgeben von Bergen und Wäldern, gehörte zu den sieben Weltwundern der Antike. Den Artemiskult prangerte Paulus an. (Apg 19,27)

40 b **Jerusalem** Paulus und Barnabas brachten die von der Gemeinde in Antiochia gesammelte Kollekte für die Brüder nach Jerusalem. Die Stadt sollte nach Weissagung eines Jerusalemer Propheten namens Agapus in eine große Hungersnot geraten, die dann auch unter Kaiser Klaudius (regierte von 41-54) eintraf. (Apg 11,29-30)

41 b **Athen** war der hellenistische Mittelpunkt Griechenlands, und seine Bewohner waren von großer Religiosität, wofür etwa 3000 Tempel und Götterbilder Zeugnis ablegten. Auf dem »Areshügel« = Areopag saß das Gericht der Stadt sowie die Aufsicht über Schule, Religion und Sitten. Paulus fand dort eine religiös interessierte Zuhörerschaft. (Apg 17,16-34)

42 b **Den Pharisäern** Die Pharisäer (hebr.= »sich Absondernde«) waren eine religiös-politische Gruppe, der ein gründliches Studium der Thora (Fünf Bücher Mose) wichtig war und die sich für die strengste Einhaltung aller Regeln und Gesetze, frei von fremden Einflüssen, einsetzte. (Apg 26,5; Phil 3,5)

43 b **Zypern** ist die drittgrößte Mittelmeerinsel und wurde im Jahre 58 v. Chr. von den Römern besetzt. Sie war die erste Station der ersten Missionsreise von Paulus und seinem Begleiter Barnabas, der aus Zypern stammte, weil hier u. a. Juden und aus Jerusalem geflüchtete Christen lebten. (Apg 4,36)

44 c **Damaris** (griech. = vom Volke erfleht) war Athenerin und gehörte zu denen, die nach der Rede des Paulus auf dem Areopag den christlichen Glauben annahmen und sich Paulus anschlossen. (Apg 17,34)

45 c **eine Krankheit** Im zweiten Korintherbrief – verfasst zwischen 55–60 – spricht Paulus von einem Stachel, der ihm ins Fleisch gestoßen wurde. Er meint damit eine Krankheit, über die aber weiter nichts bekannt ist. (2 Kor 12,7; Gal 4,13)

46 d **Ein Streit** über die Mitnahme des Markus führte schließlich zu getrennten Wegen. Markus hatte Paulus und Barnabas in Pamphylien im Stich gelassen, weshalb ihn Paulus nicht dabei haben wollte. Er wählte sich deshalb Silas als Begleiter, während Barnabas mit Markus weiterreiste. (Apg 15,37-39)

47 c **Im Theater,** noch heute sehr gut erhalten, kamen die aufgebrachten Bürger von Ephesus, die die Göttin Artemis verehrten, zusammen, nachdem sich die Silberschmiede, die vom Verkauf kleiner Artemistempel lebten, gegen die geschäftsschädigende Mission des Paulus empört hatten. (Apg 19,29-40)

48 a **Silas,** Judenchrist und ein führender Ältester, wurde von seiner Jerusalemer Gemeinde beauftragt, die Arbeit des Paulus in Antiochia zu unterstützen. (Apg 15,40) Er begleitete Paulus auf dessen zweiter Missionsreise.

49 c **Timotheus** bekam per Brief den Auftrag, den Mantel, den Paulus bei Karpus in Troas gelassen hatte, sowie Bücher und Pergamente schnellstens nach Rom zu bringen. (2 Tim 4, 13)

50 b **Ölbaum** Paulus stellt Israel als einen edlen Ölbaum als Symbol für geistlichen Reichtum dar, in den die Heidenvölker als Zweige eines wilden Ölbaumes eingepfropft werden. Diese botanische Widersinnigkeit charakterisiert die Gnade Gottes und weist hin auf die Wurzeln des Christentums. (Röm 11,13-24)

51 c **Gamaliel** war ein angesehener Rabbiner in Jerusalem. Ihm verdankt Paulus seine Kenntnisse in den Schriften der Thora und die Erziehung in den Lehren und Regeln der Pharisäer (Apg 22,3). Auf seinen Rat und seine Fürsprache hin wurden Petrus und Johannes vom Hohen Rat freigelassen.

52 d **zu essen** Aufgrund des beständig tobenden Seesturms waren die Matrosen und Soldaten voller Angst und hatten seit Tagen nichts mehr gegessen. Paulus ermutigte die 275 Mann zu essen, damit sie gestärkt und ermutigt dem Stranden des Schiffes begegnen könnten. (Apg 27,34)

53 c **Aquila und Priszilla** waren ein Zeltmacherehepaar, mit dem Paulus während seines Aufenthaltes in Korinth zusammen arbeitete und wohnte. Sie begleiteten den Apostel auf seiner Reise bis Ephesus, wo sie sich von ihm verabschiedeten (Apg 18,18), und waren auch weiterhin seine treuen Mitarbeiter. (Apg 18,26; Röm 16,3)

54 d **Sie verbrannten die Zauberbücher** im Wert von 50.000 Silberdrachmen. Welch großes Opfer die Bekehrten erbrachten, verdeutlicht der Vergleich mit dem Tagesverdienst eines Arbeiters von nur einer Drachme. Ephesus war für seine Zauberpraktiken weit über seine Grenzen hinaus bekannt. (Apg 19,19)

55 c **In Milet,** 70 km südlich von Ephesus gelegen, machte Paulus Zwischenstation auf dem Rückweg seiner zweiten Missionsreise, um sich von den Ältesten der Gemeinde in Ephesus zu verabschieden. Er gab in seiner Rede einen Rückblick und einen Ausblick, bevor er 58 n. Chr. nach Jerusalem zurückkehrte. (Apg 20,17)

56 c **Einen Vipernbiss,** der sonst tödlich ist, überlebt Paulus auf wunderbare Weise, weshalb die Einheimischen meinten, er wäre ein Gott. Kurz zuvor, bei dem vor Malta erlittenen Schiffbruch, war Paulus‘ Leben schon einmal in Gefahr. (Apg 28,3-6)

57 d **Die Beschneidung** stand im Mittelpunkt der Auseinandersetzung zwischen heidenchristlichen und judenchristlichen Gruppierungen auf dem Apostelkonzil, das vermutlich um 48/49 n. Chr. stattfand. Letztendlich konnte sich Paulus mit seiner Ansicht durchsetzen, dass die Beschneidung kein notwendiges Zeichen für bekehrte Heiden sei. (Apg 15,1-2)

58 b **Dem Sekretär Tertius** (lat. = der Dritte) vertraute Paulus das Schreiben seines Römerbriefes an (Röm 16,22). Das Diktieren von Briefen war damals übliche Praxis.

59 d **An Philemon** schreibt Paulus aus Rom einen Brief mit nur 24 Versen. In ihm bittet er Philemon, seinem entlaufenen Sklaven Onesimus, den Paulus im Gefängnis bekehrt hatte, zu verzeihen und ihn als einen christlichen Bruder wieder aufzunehmen. (Phlm 1-24)

60 a **Apollos** war ein gebildeter Jude, der aus Alexandria, dem Zentrum für Wissenschaft, Kultur und Handel in Ägypten stammte. Er kam nach Ephesus, um hier den Weg des Herrn zu predigen. Da er aber nur die Taufe des Johannes kannte, wurde er von Aquila und Priszilla in der Lehre des Paulus unterrichtet. Später zog er weiter nach Korinth, wo er zu einer großen Stütze der Kirche wurde. (Apg 18,24-25)

61 a **Er scherte seinen Kopf kahl.** In Kenchreä, wo es auch eine christliche Gemeinde gab, beendete Paulus das zeitlich begrenzte so genannte Nasiräatsgelübde, bei dem sich der Nasir (hebr.= Geweihter) neben anderen Verpflichtungen nicht die Haare schneiden durfte. Das Kahlscheren des Kopfes und das Darbringen eines Opfers, bei dem das geschorene Haar mitverbrannt wurde, waren das Zeichen für das Ende des Gelübdes. (Apg 18,18; Num 6,1-21)

62 c **7** Briefe sind wirklich Briefe, deren Absender Paulus ist. In ihnen reagiert er sehr engagiert auf aktuelle Situationen in den Gemeinden von Rom, Korinth (2), Galatien, Philippi und Thessalonich; einer ist an Philemon gerichtet. Sieben weitere ihm zeitweise zugeschriebene Briefe führen seine Gedankengänge weiter, stammen aber aus späterer Zeit.

63 a **Benjamin** Paulus bekundet in den Briefen an die Römer und Philipper, dass er aus dem Volk Israel vom Stamm Benjamin, benannt nach dem jüngsten Sohn Jakobs, kommt. (Röm 11,1; Phil 3,5)

64 c **Die Heiden in Antiochia,** die Beamten des römischen Magistrates, schufen die Bezeichnung »christianoi« um 43 n. Chr. für die Anhänger des »Christos«, die für sie eine jüdische Sekte waren (Apg 11,26). Die Christen selbst nannten sich Jünger oder Brüder. Erst später übernahmen sie die Bezeichnung »Christen«. (1 Petr 4,16)

65 d **Barnabas,** was »Sohn des Trostes« bedeutet, übte im Auftrag der Urgemeinde in Jerusalem eine Art Visitation in der Gegend Antiochia aus und reiste dann weiter nach Tarsus, um Paulus Bericht zu erstatten. (Apg 11,22.25)

66 b **Phöbe** (griech. = die Reine) erhielt von Paulus den Ehrentitel »Dienerin der Gemeinde«, weil sie vielen – darunter auch Paulus selbst – geholfen hatte. Sie lebte und wirkte in Kenchreä, einem Vorort von Korinth. Ihre Erwähnung ist ein Hinweis auf den Dienst der Frauen in den Urgemeinden. (Röm 16,1-3)

67 b **Neffe** Der Sohn seiner Schwester hörte von einem geplanten Überfall der Juden auf seinen Onkel und konnte den Anschlag durch Vorsprache bei einem Hauptmann abwenden. (Apg 23,16)

68 b **Der Hebräerbrief** zählt nicht zu den von Paulus verfassten Briefen. Der ungenannte Verfasser, ein Kenner der hebräischen Bibel sowie der Septuaginta, stammt wahrscheinlich aus dem Schülerkreis des Paulus, vielleicht Apollos oder Barnabas. Der Brief wurde um 95 n. Chr. in Rom bekannt. (Apg 18,24-28)

69 c **5** Kaiser herrschten im römischen Reich während Paulus' Lebenszeit: Octavius Augustus (30 v.–14 n. Chr.), unter dessen

Herrschaft die Geburt Jesu fiel, Tiberius (14-37), in dessen Regierungszeit das Wirken von Jesus und Johannes dem Täufer fiel, Caligula (37-41), der im NT weder erwähnt noch angedeutet wird, Claudius (41-54), der im Zusammenhang mit einer bevorstehenden Hungersnot und der Vertreibung der Juden aus Rom erwähnt wird, sowie Nero (54-68), vor dessen Richterstuhl Paulus stand.

70 a **im Hebräerbrief** Der Brief ist wahrscheinlich von einem Mitarbeiter des Paulus – vielleicht von Barnabas oder Apollos – geschrieben worden. Dies lässt sich jedoch nicht nachweisen. Der Brief wendet sich an die Judenchristen, d. h. die Christen jüdischer Herkunft, die glaubensmüde geworden waren und sich vom Leben der Gemeinde fern hielten. In ihm schildert der Verfasser, dass auch Jesus, ebenso wie alle Großen des Volkes Gottes, für seine Überzeugung leiden musste. Ebenso könne auch ein Christ nur durch Leiden in das Reich Gottes gelangen.

1 c **Eine Drachme-Münze** von insgesamt 10 ging einer Frau verloren. Nach unermüdlichem Suchen freute sie sich so über den Fund, dass sie ihre Freundinnen und Nachbarinnen aufforderte, sich mit ihr zu freuen. Dieses Gleichnis schildert die himmlische Freude über die Umkehr eines Sünders. (Lk 15,8)

2 a **von der Ameise** »Geh zur Ameise, du Fauler, betrachte ihr Verhalten und werde weise« (Spr 6,6). Wegen ihrer Unermüdlichkeit besonders in den Sommermonaten bei der Nahrungssuche, Brutpflege und Verteidigung werden Ameisen gern als ein Beispiel für Fleiß genommen (»Er ist emsig wie eine Ameise«).

3 d **Er verkaufte alles, was er hatte,** nachdem er eine besonders wertvolle Perle gefunden hatte, nur um in ihren Besitz zu kommen. Jesus weist mit diesem Gleichnis auf das Himmelreich hin, für das es sich lohnt, alles aufzugeben. (Mt 13,46)

4 b **mit freundlichem Gruß** »Neige dem Armen dein Ohr zu und erwidere ihm freundlich den Gruß!« (Sir 4,8). Bei solch höflichem Verhalten verheißt der Schreiber des Verses Gottes Erbarmen und langes Leben.

5 d **»Ich bin die Tür,** wer durch mich hineingeht, wird gerettet werden; er wird ein- und ausgehen und Weide finden. … ich bin gekommen, damit sie das Leben haben und es in Fülle haben.« Dieses Bildwort sagte Jesus im Zusammenhang mit dem Wort vom guten Hirten. (Joh 10,9)

6 a **So viel wie der erste Arbeiter** nach Absprache mit dem Weinbergbesitzer bekam, erhielt auch der zuletzt »angeheuerte« Arbeiter, was die »Ersten« als ungerecht ansahen. Jesus wollte damit ein Beispiel für Gottes Gerechtigkeit geben. Das Sprichwort »Die Ersten werden die Letzten sein« hat hier seinen Ursprung. (Mt 20,16)

7 c **»Ein fröhliches Herz** macht das Gesicht heiter, Kummer im Herzen bedrückt das Gemüt. … Der Bedrückte hat lauter böse Tage, der Frohgemute hat ständig Feiertage.« (Spr 15,13.15)

8 c **Fels** als Fundament für ein Haus war schon damals ein Garant für Stabilität und Sicherheit, um gegen Unwetter und Erdbeben geschützt zu sein. Die Klugheit des Hausbauers vergleicht Jesus mit der Klugheit dessen, der auf Gott »baut«. (Mt 7,24)

9 b **»Schlaflosigkeit** wegen des Reichtums zehrt am Fleisch, die Sorge um ihn nimmt den Schlummer. Die Sorge um den Lebensunterhalt verscheucht den Schlummer, mehr als schwere Krankheit vertreibt sie ihn.« (Sir 31,1-2)

10 c **Unter Feigenbäume** fiel die Saat nicht, wohl aber auf den Weg, auf felsigen Boden, unter die Dornen, aber auch auf guten Boden. Das minderte den Verlust, denn dort ging er auf und brachte vielfachen Ernteertrag. Jesus liefert zu diesem Gleichnis die Erklärung, indem er den Samen mit dem Wort Gottes vergleicht, der von den Menschen unterschiedlich aufgenommen wird. (Mt 13,1-9)

11 d **Er feierte ein Fest** mit Musik und Tanz. Für das Festmahl wurde extra ein Mastkalb geschlachtet. Der heimgekehrte Sohn wurde mit bestem Gewand, Schuhen und Ring festlich ausstaffiert. Damit wollte Jesus die Freude Gottes über die Umkehr eines Sünders verdeutlichen. (Lk 15,32)

12 b **»Gerechtigkeit** erhöht ein Volk, der Völker Schmach ist die Sünde.« Im Alten Testament wird die Gerechtigkeit u. a. im Zusammenhang mit besonnenem und weisem Handeln in der Verantwortung vor Gott gesehen. (Spr 14,34)

13 a **Er kann hineinfallen.** »Wer eine Grube gräbt, kann hineinfallen, wer eine Mauer einreißt, den kann die Schlange beißen, wer Steine bricht, kann sich dabei verletzen, wer Holz spaltet, bringt sich dadurch in Gefahr.« Hier wird auf die unangenehmen Konsequenzen von Handlungen hingewiesen, im direkten wie im übertragenen Sinne. (Koh 10,8)

14 c **ein gutes Wort** »Kummer im Herzen bedrückt den Menschen, ein gutes Wort aber heitert ihn auf.« Wie in vielen Weisheiten aus den Sprichwörtern wird auch hier auf die wohltuende Wirkung des tröstenden Wortes hingewiesen. (Spr 12,25)

15 c **Liebe** »Hass weckt Streit. Liebe deckt alle Vergehen zu.« Wie auch an anderen Stellen im Alten Testament werden hier Hass und Liebe mit ihren unterschiedlichen Folgen gegenübergestellt. (Spr 10,12)

16 b **In neue Schläuche,** die dem Druck standhalten, der beim Gärungsprozess durch die sich entwickelnde Kohlensäure entsteht, sollte der »junge« Wein gefüllt werden. Die alten, hart und spröde gewordenen Schläuche besaßen diese Dehnungsfähigkeit nicht mehr. Die Behälter zur Aufbewahrung von Wein wurden aus Tierhäuten, meist Ziegenhäuten, hergestellt. (Lk 5,38)

17 d **freudig** »Also: Iss freudig dein Brot und trink vergnügt deinen Wein; denn das, was du tust, hat Gott schon längst so festgelegt, wie es ihm gefiel.« (Koh 9,7)

18 a **als Krone** »Graues Haar ist eine prächtige Krone, auf dem Weg der Gerechtigkeit findet man sie.« Wer sein Leben in Rechtschaffenheit und Schuldlosigkeit gelebt hat, kann sein graues Haar nicht nur als Zeichen des Alters, sondern auch als Zeichen der Ehre tragen. (Spr 16,31)

19 c **Zank** »Ein hitziger Mensch erregt Zank, ein langmütiger besänftigt den Streit.« Wie in vielen Sprichwörtern wird hier auf die Folgen von weisem und törichtem Handeln hingewiesen. (Spr 15,18)

20 a **Mit Pauken und Tanz** sollen die Gläubigen ihr großes Halleluja im Heiligtum Gottes erklingen lassen. Daneben werden noch andere Instrumente im letzten Psalm der Bibel genannt, wie Harfe, Zither, Zimbel, Flöte und Saitenspiel (Ps 150,4).

21 d **so weit der Himmel ist** »Herr, deine Güte reicht, so weit der Himmel ist, deine Treue, so weit die Wolken ziehn.« Der Dichter des Psalms nutzt diese Bilder, um Gottes Zuverlässigkeit zu charakterisieren. (Ps 36,6)

22 a **die Weisheit** »Alles Verborgene und alles Offenbare habe ich erkannt, denn es lehrte mich die Weisheit, die Meisterin aller Dinge. … Ein unerschöpflicher Schatz ist sie für die Menschen; alle, die ihn erwerben, erlangen die Freundschaft Gottes.« (Weish 7,21)

23 d **»Freundliche Worte** sind wie Wabenhonig süß für den Gaumen, heilsam für den Leib.« Wie in vielen Sprichwörtern wird auch hier die Erfahrung weitergegeben, welches Verhalten glücklich und gesund macht. (Spr 16,24)

24 a **einen gesunden Schlaf** »Gesunden Schlaf hat einer, der den Magen nicht überlädt; steht er am Morgen auf, fühlt er sich wohl.« (Sir 31,20) Der Verfasser des Buches Jesus Sirach, Jesus, Sohn des Eleaser, Sohn des Sirachs, hat schon im 2. Jh. v. Chr. gewusst, was man für sein Wohlbefinden tun kann.

25 c **Reichtum** »Lässige Hand bringt Armut, fleißige Hand macht reich.« König Salomo, dem diese Spruchsammlung zugeschrieben wird, stellt auch hier zwei gegensätzliche Verhaltensweisen mit ihren entsprechenden »Früchten« gegenüber. (Spr 10,4)

26 c **das Geld** »Man schlemmt und will dabei lachen, der Wein erfreut die Lebenden, das Geld macht alles möglich.« (Koh 10,19) Kohelet beweist an vielen Stellen seiner Weisheitssammlung, dass er einen guten Blick für die Alltäglichkeiten des Lebens hat, die man als Möglichkeit zur Freude nutzen soll.

27 a **ohne Beratung** »Wo es an Beratung fehlt, da scheitern die Pläne, wo viele Ratgeber sind, gibt es Erfolg.« Der pädagogische Wert dieses Ratschlages könnte ein Hinweis sein auf die Verwendung der Sprichwörter im Unterricht, vielleicht am Hofe des Königs Salomo. (Spr 15,22)

28 b **Das Öl für die Lampen** hatten die Jungfrauen vergessen. Jesus griff den Hochzeitsbrauch auf, am Vorabend der Hochzeit die Braut im Lichterschein in das Haus des Bräutigams zu begleiten, um auf die Wichtigkeit des Bereitseins für das Himmelreich hinzuweisen. (Mt 25,3)

29 b **Kornbauer** war ein bekannter Beruf, da die meisten Galiläer auf dem Land als Ackerbauern und Viehzüchter lebten. Jesus greift dieses Beispiel auf, um auf die Sinnlosigkeit des Anhäufens von Reichtum hinzuweisen, ohne vor Gott reich zu sein. (Lk 12,16-20)

30 a **mit einer geschmückten Braut** »Ich sah die heilige Stadt ...; sie war bereitet wie eine Braut, die sich für ihren Mann geschmückt hat.« Die Vorbereitung zur Hochzeit, dem Anfang eines neuen Lebensabschnitts, wird in der Vision des Johannes zum Bild für den Beginn eines völlig neuen Daseins der Erlösten. (Offb 21,2)

31 b **mit einer Leuchte** »Dein Wort ist meinem Fuß eine Leuchte und ein Licht für meine Pfade.« Dieser Psalm drückt in vielen Bildern die Freude an Gottes Wort, das richtungsweisend für das Leben der Gläubigen ist, aus. (Ps 119,105)

32 a **»Wie ein Vater** sich seiner Kinder erbarmt, so erbarmt sich der Herr über alle, die ihn fürchten.« Ein Loblied auf Gottes Gnade stimmt der Sänger in dem »Buch des Lobes«, wie der hebräische Titel für diesen Teil der Bibel ist, an. (Ps 103,13)

33 b **mit seiner Frau** »Mit einer Frau, die du liebst, genieß das Leben alle Tage deines Lebens voll Windhauch, die er dir unter der Sonne geschenkt hat ... denn das ist dein Anteil am Leben.« Im Angesicht der Vergänglichkeit des Lebens wird dieser weise Ratschlag gegeben. (Koh 9,9)

34 b **Klagelieder** Das Buch wird nach jüdischer und christlicher Tradition dem Propheten Jeremia zugesprochen. Es entstand unter dem Einfluss der Eroberung Jerusalems durch Nebukadnezzar (597 v. Chr.) und der Zerstörung des Tempels im Jahre 586 v. Chr.

35 d **Die Vernichtung Sodoms** und Gomorras sollte Lot und seine Familie nicht miterleben. Deshalb gebot Gott ihnen, sich auf der Flucht nicht umzudrehen oder stehen zu bleiben. Doch Lots Frau blickte zurück und erstarrte zur Salzsäule. (Gen 19,26)

36 a **Die Armut kommt zu ihm** wie ein Strolch und die Not wie ein zudringlicher Bettler. Ein Fauler, der die Arme verschränkt, sich ausruht und nicht an Arbeit denkt, beschwört sein eigenes Unglück herauf. (Spr 6,9-11)

37 d **seine Pflicht** »Er könnte beim Trinken seine Pflicht vergessen und das Recht aller Notleidenden verdrehen.« Ein betrunkener König weiß nicht mehr, welche Befehle er gibt, und führt sein Volk in den Untergang. (Spr 31,5)

38 b **Klagefrauen** wurden die Sängerinnen genannt, die die Toten mit Liedern beklagten. Es war ein eigener Berufsstand. Die bestellten Klagefrauen zogen meist mit Musikanten zur Beerdigung, die noch am Todestag erfolgen sollte, durch die Stadt. (Jer 9,16)

39 b **Als Salz der Erde** bezeichnet Jesus in der Bergpredigt die, die seine Worte hören und danach handeln. Er weist damit auf die Bedeutung der Gläubigen hin, da sie genau wie Salz durch nichts zu ersetzen sind. »Wenn das Salz seinen Geschmack verliert, womit kann man es wieder salzig machen?« (Mt 5,13)

40 c **mit einem Wettkampf** »Lasst uns mit Ausdauer in den Wettkampf laufen, der uns aufgetragen ist, …«, ruft der Verfasser des Hebräerbriefes den müde gewordenen Christen zu und ermuntert sie mit einem Bild aus dem Sport. (Hebr 12,1)

41 d **Frieden** »Erbittet für Jerusalem Frieden. Wer dich liebt, sei in dir geborgen.« Dieser Vers aus dem Wallfahrtslied wurde von den Festpilgern beim Betreten der heiligen Stadt gesungen. (Ps 122,6)

42 b **die Gottesfurcht** »Krone der Weisheit ist die Gottesfurcht, sie lässt Heil und Gesundheit sprossen.« In der Weisheitsliteratur wird ein enger Zusammenhang zwischen geistlichem und leiblichem Segen gesehen. (Sir 1,18)

43 a **frische Kleider** »Trage jederzeit frische Kleider und nie fehle duftendes Öl auf deinem Haar.« In der Aufforderung zur »Körperhygiene« kommt die Würdigung

des Lebens als Schöpfung Gottes zum Ausdruck, was dem Verfasser dieses Buches ein besonderes Anliegen ist. (Koh 9,8)

44 **b vor Krankheit** »Halte deinen Sinn von Ärger frei und schütz deinen Leib vor Krankheit.« Wie in den meisten Schriften des Alten Testamentes gilt auch hier der Grundsatz, Leben zu fördern und zu erhalten. (Koh 11,10)

45 **c sich zanken** »Zank nicht mit einem Schwätzer, und leg nicht noch Holz auf das Feuer. Pflege keinen Umgang mit einem Toren; er wird die Weisen doch nur verachten.« (Sir 8,3)

46 **d 150 Psalmen** Das Buch der Psalmen ist eine Sammlung von Lobgesängen verschiedener Dichter. Das griechische Wort »psalmoi« leitet sich ab vom hebräischen Wort für Hymnus. Der heilige Hieronymus bezeichnete die Psalmen als »Sprache der Hingabe«.

47 **b Er wird fallen** »Wer auf seinen Reichtum vertraut, der fällt, die Gerechten aber sprossen wie grünes Laub.« Die Sprichwörter beleuchten immer wieder das Leben als einen Weg, auf dem man richtungsweisende Entscheidungen treffen muss. (Spr 11,28)

48 **c Sie werden mit Jubel ernten.** »Sie gehen hin unter Tränen und tragen den Samen zur Aussaat. Sie kommen wieder mit Jubel und bringen ihre Garben ein.« Wegen des Ausdruckes einer starken Gewissheit in das Heil bringende Handeln Gottes wird der 126. Psalm als Vertrauenslied bezeichnet. (Ps 126,6)

49 **d trockenes Brot und Ruhe** »Besser ein trockenes Stück Brot und Ruhe dabei als ein Haus voll Braten und dabei Streit.« Immer wieder weisen die Sprichwörter darauf hin, die eigenen Lebensumstände zu bejahen, um dann praktische Ratschläge daraus abzuleiten. (Spr 17,1)

50 **a Sie werden lachen.** Jesus verwendet in den Seligpreisungen Gegensatzpaare wie weinen und lachen, hungrig und satt, um seine Vorstellungen vom Reich Gottes zu verdeutlichen. Man kann sie als eine Kurzform der Bergpredigt verstehen. (Lk 6,21)

51 **d mit einem Baum** »Er ist wie ein Baum, der an Wasserbächen gepflanzt ist, der zur rechten Zeit seine Frucht bringt und dessen Blätter nicht welken.« (Ps 1,3)

52 **c die Bäume** »Der Himmel freue sich, die Erde frohlocke, es brause das Meer und alles, was es erfüllt. Es jauchze die Flur und was auf ihr wächst. Jubeln sollen alle Bäume des Waldes vor dem

Herrn, wenn er kommt, um die Erde zu richten.« (Ps 96,12-13)

53 c **der gibt** »Wer dem Armen gibt, hat keinen Mangel, wer seine Augen verschließt, wird viel verflucht.« (Spr 28,27)

54 b **Über ein Kind** musste König Salomo ein Urteil sprechen, nachdem zwei Mütter behaupteten, dieses Kind wäre ihr eigenes. Sein weiser Rat, das Kind zu teilen, entlarvte die falsche Mutter (1 Kön 3,16-28). Bertolt Brecht greift dieses Motiv in seinem Stück »Der kaukasische Kreidekreis« auf.

55 a **Von der ersten Gemeinde in Jerusalem** berichtet die Apostelgeschichte: Die Gemeinde der Gläubigen war ein Herz und eine Seele. Keiner nannte etwas von dem, was er hatte, sein Eigentum, sondern sie hatten alles gemeinsam. (Apg 4,32)

56 b **schweigen** »Nur wenn du imstande bist, antworte deinem Mitmenschen, wenn nicht, lege die Hand auf den Mund!« (Sir 5,12)

57 c **Strafe** »Wo keine Strafe verhängt wird, ist die Bosheit schnell am Werk.« Kohelet hoffte trotz gegenteiliger Erfahrungen am Königshof, dass dem Unrecht in der Welt durch gerechte Strafe entgegengewirkt wird. (Koh 8,11)

58 b **durch Hass** »Hass erweckt Streit, Liebe deckt alle Vergehen zu.« Diese Gegenüberstellung aus der Spruchsammlung, die man dem König Salomo zuschreibt, ist kennzeichnend für das Denken der damaligen Zeit, die einen engen Zusammenhang zwischen Tun und Ergehen sah. (Spr 10,12)

59 b **Paulus** erblindete nach seiner Christusvision. Doch als er nach drei Tagen sein Augenlicht wieder zurück erhielt, beschreibt die Bibel die Heilung mit den Worten: »Sofort fiel es ihm wie Schuppen von den Augen und er sah wieder.« (Apg 9,18)

60 a **am Morgen und in den Nächten** »Wie schön ist es, dem Herrn zu danken, deinem Namen, du Höchster zu singen, am Morgen deine Huld zu verkünden und in den Nächten deine Treue zur zehnsaitigen Laute, zur Harfe, zum Klang der Zither.« (Ps 92,3-4)

61 a **mit einem Bräutigam** »Dort hat er der Sonne ein Zelt gebaut. Sie tritt aus ihrem Gemach hervor wie ein Bräutigam.« Hier wird die Sonne nicht wie in anderen Religionen als Gottheit, sondern als ein Geschöpf Gottes besungen. (Ps 19,5-6)

62 a **Beifall** »Worte aus dem Mund des Gebildeten finden Beifall, jedes Wort von den Lippen des Ungebildeten bringt ihn selbst in Verwirrung. Wenn er redet, steht

Dummheit am Anfang, am Ende schlimme Verblendung.« (Koh 10,12-13)

63 c **Aus dem Buch Kohelet** stammt der pessimistisch wirkende Ausspruch. Kohelet, der »Prediger Salomos« erkennt schmerzlich, dass sich in der Menschheitsgeschichte wie im Kreislauf der Natur alles wiederholt, weil der Mensch unfähig ist, aus der Geschichte zu lernen. (Koh 1,9)

64 d **prüfen** »Tadle nicht, ehe du geprüft hast; zuerst untersuche, dann weise zurecht! Gib keine Antwort, bevor du gehört hast, sprich nicht mitten in einer Rede!« (Sir 11,7-8)

65 c **zum Essen** »Greift der Faule mit der Hand in die Schüssel, ist er zu träge, sie zum Mund zurückzubringen.« Diese humorvolle Beschreibung stammt aus dem Teil der Spruchsammlung, die die Gelehrten im Auftrag von König Hiskija (728–699 v. Chr.) zusammengestellt haben. (Spr 26,15)

66 d **mit einem Spiegel** »Wie Wasser ein Spiegel ist für das Gesicht, so ist das Herz des Menschen ein Spiegel für den Menschen.« Da nach alter Auffassung das Herz die Mitte des Menschen, der Sitz der Seele ist, widerspiegelt es das menschliche Wesen mit all seinen Gefühlen und Gedanken, seinem Willen und Gewissen. (Spr 27,19)

67 d **Pauke** »Die Prophetin Mirjam … nahm die Pauke in die Hand, und alle Frauen zogen mit Paukenschlag und Tanz hinter ihr her.« Die von Gott inspirierte Mirjam sang den israelitischen Frauen nach dem Durchzug durch das Schilfmeer ein Siegeslied vor. (Ex 15,20)

68 b **Mose** will mit diesem Rechtsgrundsatz verhindern, dass die Rache härter wird als die eigentliche Untat. So stellt er bei den Israeliten ein Stück Rechtssicherheit her. (Ex 21,23-25).

69 b **Seine Mutter** gab Lemuël, dem König von Massa in Nordarabien, weise Ratschläge für seine Lebens- und Amtsführung. Er selbst gab die mütterlichen Weisungen in der Spruchsammlung weiter. (Spr 31,1-9)

70 a **Johannes,** der sich auf der Insel Patmos aufhielt, nahm in seiner Himmelsvision das Bild vom »Buch des Lebens« auf, in dem nur die Namen der Gerechten stehen und nicht die der Sünder. In dieser Vision hält Gott die versiegelte Buchrolle, die Auskunft geben soll über das vorherbestimmte Geschehen am Ende der Zeit. (Offb 5,1)

1 d **Vom Feigenbaum,** von dem es heute etwa 800 Arten gibt, nahmen sie die großen, rauen und gelappten Blätter, um sich einen Schurz zu machen, nachdem sie vom Baum der Erkenntnis gegessen hatten und so bemerkten, dass sie nackt waren. (Gen 3,7)

2 a **Aus Linsen** kochte Jakob ein Essen, das er gegen das Erstgeburtsrecht seines Bruders Esau tauschte (Gen 25,29-34). Die Linsen gehörten zu den beliebtesten und wichtigsten Nahrungsmitteln in biblischer Zeit und wurden zu Suppe und Brei verarbeitet.

3 d **gegen Löwen und Bären** Im Hinblick auf den Kampf gegen Goliat erzählte der junge David König Saul, wie er die Schafe gegen die wilden Tiere verteidigt hatte. Der Löwe, der in biblischer Zeit in großer Zahl besonders in der Jordansenke lebte, und der Braunbär aus den bewaldeten Bergen Israels bedrohten den Schafbestand. (1 Sam 17,34-36)

4 a **Flügel wie Adler** werden die bekommen, die dem Herrn vertrauen, verspricht der Prophet Jesaja. »Sie laufen und werden nicht müde, sie gehen und werden nicht matt« (Jes 40,31). Der Adler, der mit seinen kräftigen Schwingen, die eine Spannweite von bis zu 2 m haben können, ein ausgezeichneter Segler ist, zählt in der Bibel zu den am häufigsten erwähnten Raubtieren.

5 d **Schweine** Bei den Schweinen landete der »verlorene Sohn«. Trotz der herrschenden Hungersnot durfte der Verarmte nicht einmal von deren Futter essen (Lk 15,15). Deshalb machte er sich auf und kehrte zu seinem Vater zurück. Schon das Schweinehüten an sich war für die Juden, für die Schweinefleisch als unrein gilt, eine entwürdigende Tätigkeit.

6 a **Schaf** Die damals gezüchteten breitschwanzigen Schafe mit krausem, meist weißem Haar und einem ausgeprägten langen Fettschwanz bedeuteten Reichtum, denn sie versorgten die Besitzer mit Milch, Fleisch und Wolle. Auch als Kriegsbeute waren sie aus diesem Grund sehr begehrt. (Lk 15,4)

7 a **mit einem Senfkorn, aus dem ein Baum wächst** Schwarzer Senf, dessen Samenkörner winzig klein sind, kam wild und kultiviert vor und konnte Gewächse von 3 bis 4 Meter Höhe hervorbringen. In gleicher Weise beginnt auch das Reich Gottes im Kleinen, um schließlich die ganze Erde und alle Menschen zu umfassen. (Mt 13,31-32)

8 c **Ein Eselsfohlen** und dessen Muttertier sollten zwei Jünger für Jesu Einzug in Jerusalem aus dem Dorf Betfage am Ölberg holen. Der Esel, der als Karawanen- und Reittier galt, wurde vom Pferd als Reittier für den Krieg verdrängt, was ihn beim Einzug in Jerusalem zum messianischen Friedenstier machte. (Mt 21,1-2)

9 b **die Palme** Die Fächerblätter, auch als Palmenzweige bezeichnet, wurden Jesus als wohlbekanntes Friedenssymbol bei seinem messianischen Einzug entgegengehalten (Joh 12,13). Die Palme liefert schon seit Alters her nicht nur Material zum Bauen, sondern auch zu kultischen Zwecken und zu Ehrenbezeugungen.

10 a **Der Olivenbaum,** auch Ölbaum genannt, ein immergrüner und zäher Baum, bewaldete zu Jesu Zeiten den Hügel im Osten von Jerusalem (Lk 22,39). Er war der verbreitetste Kulturbaum in Israel. Aus seinen Früchten, den Oliven, wurde durch Pressen das begehrte Öl gewonnen.

11 d **Der Weinstock,** die alte Kulturpflanze aus Noachs Zeiten, wird häufig mit dem Volk Israel verglichen, da das Volk von Ägypten herkommend wie ein Weinstock in Kanaan eingepflanzt wurde und sich von dort wie Weinranken in alle Richtungen ausbreitete und Segenszeichen als Früchte hervorbrachte. (Ps 80,1-20; Jer 6,9)

12 b **Gazelle** So schnell wie eine Gazelle soll der Geliebte kommen. Die Gazelle ist ein geschmeidiges und elegantes Tier, gehört zu der Familie der Antilopen und lebt in Wüsten und weiten Ebenen. In Israel ist sie heute wieder zu Hause. (Hld 2,9.17)

13 b **Rind und Esel,** die gern als Zugtiere im Ackerbau benutzt wurden, sollten nicht gemeinsam vor einen Pflug gespannt werden, weil sie unterschiedliche Zugkraft hatten. Das in den Gesetzesbüchern festgelegte Verbot von Vermischung könnte man als eine Art Tierschutzgesetz ansehen. (Dtn 22,10)

14 a **Eine Weintraube,** an einer Rebe hängend, so groß, dass zwei Männer sie mit einer Stange tragen mussten, brachten die Kundschafter als Zeichen der Fruchtbarkeit des Landes Kanaan mit. Weintrauben gehörten zu den täglichen Nahrungsmitteln und wurden gleich nach dem Pflücken frisch gegessen, zu Rosinen getrocknet oder zu Wein gekeltert. (Num 13,23)

15 b **Geier,** die, da sie Aas fressen, als unreine Tiere gelten, werden sehr oft im Zusammenhang mit

den Adlern erwähnt. Jesus spricht von ihnen in seiner Rede über die Endzeit. Er benutzt damit eine volkstümliche Redeweise. (Mt 24,28)

16 d **Aus Oliven,** die in Ölmühlen zerstoßen wurden, sollte nach biblischer Anweisung das »allerreinste Öl« für den Tempelleuchter, der immer brannte, hergestellt werden (Ex 27,20). Das Öl der Ölfrucht des wichtigsten Fruchtbaumes der Israeliten wurde ähnlich wie Wein gekeltert und aufbewahrt.

17 c **Es wird herausgezogen.** Jesus verwies seine Zuhörer auf diese Tatsache, als er am Sabbat einen Kranken heilte und die Pharisäer und Schriftgelehrten ihn wegen dieser am Sabbat verbotenen »ärztlichen Tätigkeit« kritisierten (Lk 14,4-5). Jesus belehrte sie, dass es auch am Sabbat erlaubt sei, einander zu helfen und Gutes zu tun.

18 b **Mit dem Weinstock** vergleicht sich Jesus und knüpft damit an die Bilderwelt des Volkes Israel an. Gott sei der Winzer, er selbst der Weinstock, an dem die Jünger als Reben wachsen (Joh 15,1-2). Wein wurde in den Weinbergen, zu denen ein Schutzwall (Zaun oder Mauer), ein Wachturm und eine Weinkelter gehörten, angebaut.

19 a **Taube** Die Felsentaube war zu biblischen Zeiten häufig anzutreffen. Tauben waren in Israel sehr beliebt. Sie wurden schon früh gezüchtet, auch von armen Leuten. Der Vergleich der Geliebten mit der Taube (Hld 2,14) hat sich bis in unsere Zeit erhalten: Zwei Verliebte bezeichnen wir noch heute gern als »Turteltäubchen«.

20 d **Esel** Der Prophet Bileam war mit einem Esel unterwegs. Dieser weigerte sich dreimal weiterzugehen, weil er einen Engel wahrnahm, der sich ihnen in den Weg stellte. Da der Prophet den Engel jedoch zunächst nicht sehen konnte, schlug er jedes Mal seinen vermeintlich störrischen Esel. (Num 22,22-35)

21 b **der Apfelbaum** Die versprochenen Oliven-, Feigen- und Granatapfelbäume sollten mit ihren nahrhaften und wohlschmeckenden Früchten dem wandernden Gottesvolk im Gegensatz zu den Entbehrungen in der Wüste eine ausreichende Versorgung mit Nahrungsmitteln sichern. (Dtn 8,8)

22 c **von Kühen** Sieben fette und sieben magere Kühe erschienen dem Pharao im Traum. Josef deutete dies als sieben gute Jahre, denen eine siebenjährige Missernte folgen sollte. (Gen 41,25)

23 b **Flachs** Die Stängel der einjährigen Pflanze, eine der ältesten Textilpflanzen, dienten zur Gewinnung der Fasern, die zu Leinenstoffen, Seilen, Netzen und Lichtdochten verarbeitet wurden. (Lev 16,4; Joh 19,40)

24 b **Ginster,** der weißblühende Strauch in den Senken der Negevwüste, ist mit seiner Höhe von bis zu 3 Metern oft der einzige Schattenspender, so auch für Elija, als dieser auf der Flucht vor Königin Isebel war. (1 Kön 19,4-5)

25 b **Ijob (Hiob)** wurde von Gott auf die Probe gestellt. Ihm wurde alles genommen: seine Herden wurden gestohlen, seine Knechte erschlagen, seine Kinder unter einem einstürzenden Haus begraben und er verlor seine Gesundheit. Doch am Ende erfährt er wieder neues Glück. Noch heute sprechen wir bei einer schlechten Nachricht von einer »Hiobsbotschaft«. (Ijob 1,17)

26 a **vor Drachen** Der Psalmdichter malt in starken Bildern aus, wovor der unter Gottes Schutz stehende Gläubige bewahrt und aus welchen Gefahren er errettet wird, so auch vor Löwen, Nattern und Drachen. Der Drachen, ein Fabeltier vieler Mythologien, versinnbildlicht in der Bibel die chaotischen Kräfte, die nur Gott bändigen kann. (Ps 91, 13)

27 b **Wolf und Lamm** Das friedliche Zusammenleben des gefürchteten Raubtieres mit dem Lamm, das oft die Beute des Wolfes wurde, ist ein Hinweis auf das künftige messianische Zeitalter. (Jes 65,25)

28 b **Der Maulbeerfeigenbaum,** die »Sykomore«, gedeiht im warmen Klima, hat ein dichtes Blattwerk und weitausgebreitete Äste, war daher leicht besteigbar. Der kleingewachsene Zachäus nutzte deshalb diese Möglichkeit, um Jesus besser sehen zu können. (Lk 19,2-4)

29 c **Johannisbrotbaum** Der immergrüne Baum entwickelt 15–30 cm lange und 2–3 cm breite Samenhülsen, die vor allem in Zeiten von Hungersnöten, wenn kein anderes Futter zur Verfügung stand, als Schweinefutter verwendet wurden (Lk 15,16). Als süßes Johannisbrot (das Fruchtfleisch enthält bis zu 50 Prozent Zucker) ist es heute auch in den USA populär.

30 a **Weintrauben** schneidet der Engel vom Weinstock der Erde ab und wirft sie in die »große Kelter des Zornes Gottes«, ein visionäres Bild für das göttliche Gericht. Schon in biblischer Zeit wurden die frisch geernteten Trauben in

kleine Kelter gebracht und gleich mit den nackten Füßen zerstampft, was verhinderte, dass die bitteren Kerne zerdrückt wurden. (Offb 14,18-19)

31 c **Getreide, Öl, Wein,** die Trias im Alten Testament, zählten zu den Grundnahrungsmitteln zum Kochen und Backen bzw. als Getränk. Das Öl wurde außerdem als Brennstoff sowie für Salben und Heilmittel verwendet. (Dtn 7,13; 11,14; 12,17)

32 c **Das Rind,** das die mehr oder weniger sesshaften Stämme das ganze Jahr hindurch in den Ebenen Israels weiden ließen, zählt zu den reinen Tieren, weil es die drei im Reinheitsgebot genannten Eigenschaften erfüllt: gespaltene Klauen, Paarzeher und Wiederkäuer. Damit durfte das Fleisch verzehrt werden. (Lev 11,3 Dtn 14,4-6)

33 c **»Der Storch** am Himmel kennt seine Zeiten« (gemeint ist die Zeit des Vogelzuges), verkündet der Prophet Jeremia, »mein Volk aber kennt nicht die Rechtsordnungen des Herrn« (Jer 8,7). Der Storch – Weiß- oder Schwarzstorch – kam auf seinem Weg von Afrika nach Norden auch durch die Jordansenke.

34 c **Rizinusstrauch** Als Schattenspender ließ Gott für Jona einen Rizinusstrauch wachsen (Jona 4,6). Der Strauch, der zu den Wolfmilchgewächsen gehört, erreicht eine Höhe von bis zu 3 Metern und seine grünen Blätter können 60 cm breit werden. Die medizinische Wirkung (Einreib- und Abführmittel) des aus den Samen gewonnenen Öls war schon den Assyrern bekannt.

35 a **Ein Mandelzweig** (Mandel hebr. = der Wachsame), der im Frühling als erster seine weißen, ins Rosa übergehenden Blüten zeigt und so über den Einzug des Frühlings »wacht«, wird zum Symbol für Gottes Wachen über seinem Wort (Jer 1,11-12). Ein blühender Mandelzweig unterstreicht auch die Autorität Aarons (Num 17,16-28) und ist ein Schmuckmotiv am goldenen Leuchter in der Stiftshütte (Ex 25,32-34).

36 c **Unter Weinstock und Feigenbaum** soll jeder »am Ende der Tage« ohne Angst in Frieden leben können. Micha verkündete hier die Verheißung des friedlichen Zuges der Völker zum Berg Zion (Mi 4,4). Noch immer kann man im Mittelmeerraum bei Hofbepflanzungen häufig Weinstock und Feigenbaum beieinander sehen, die süße, saftige Früchte und Schatten spenden.

37 a **Ysop** Der Strauch, der wahrscheinlich mit dem Majoran verwandt ist und etwa 70 cm hoch wird, treibt lange dünne Zweige, die aus Felsen in der Wüste oder Gebäudemauern herausragen. (Joh 19,29)

38 a **Füchse** »Die Füchse haben ihre Höhlen und die Vögel ihre Nester, der Menschensohn aber hat keinen Ort, wo er sein Haupt hinlegen kann« (Mt 8,20). Jesus bringt hier zum Ausdruck, dass jeder, der ihm nachfolgen will, alles Vertraute hinter sich lassen muss. Mit dem als »Fuchs« bezeichneten Tier ist eigentlich meist der mit dem Wolf verwandte Schakal gemeint, der als nachtaktiver Aasfresser in der Wildnis lebt.

39 a **»Auf Schlangen und Skorpione zu treten** und die ganze Macht des Feindes zu überwinden«, diese Vollmacht gab Jesus den Jüngern (Lk 10,1.19). Die zahlreichen Schlangen- und Skorpionarten waren wegen ihres Giftes, das sogar tödlich sein konnte, in den warmen und feuchten Gegenden Israels gefürchtet.

40 d **ist nicht näher beschrieben** Gott hatte Adam und Eva verboten, vom Baum der Erkenntnis von Gut und Böse zu essen. Es ist tatsächlich nur vom Baum der Erkenntnis und von köstlichen Früchten die Rede, nicht aber von der Baumart (Gen 3,3). In Literatur und Kunst wird aber meist der Apfel als Frucht beschrieben und dargestellt.

41 b **Am dritten Tag** ließ Gott junges Grün, »alle Arten von Pflanzen, die Samen tragen, und von den Bäumen, die auf der Erde Früchte bringen mit ihrem Samen darin« wachsen (Gen 1,11)

42 b **Sabbatgebot** Wie der Mensch, sollen am Sabbat, dem siebten Tag der Woche, auch die Haustiere wie Rind und Esel, die für die Feldarbeit und als Transportmittel genutzt wurden, ruhen und nicht arbeiten. (Ex 23,12)

43 b **Ziegenfell** Der Hirte Jakob erschleicht sich gekleidet in die Feiertagskleider seines älteren Bruders Esau und mit umgehangenen Ziegenfellen, um die raue Haut seines Bruders nachzuahmen, sowie einem Ziegenbraten den Erstgeburtssegen. Sein blinder Vater Isaak konnte diese List nicht durchschauen (Gen 27,13-17). Ziegen waren in biblischer Zeit sehr gefragt als Milchlieferanten.

44 a **Gurken und Melonen** gediehen auf den fruchtbaren Feldern am Nil als Kriech- oder Kletterpflanzen mit spiralförmigen Ranken. Die sehnsuchtsvolle Erinnerung an die ägyptische Küche machte die

Israeliten mürrisch, denn in der Wüste gab es jeden Morgen »nur« Manna! (Num 11,5-6)

45 a **Aus einem Widderhorn,** was die hebräische Übersetzung für Schofar ist, wird das Instrument hergestellt. Manchmal benutzt man auch Antilopenhörner. In biblischer Zeit wurde das Schofar als Signalinstrument im Krieg und bei Gefahr sowie im Tempeldienst verwendet (Jos 6,5; 1 Kön 1,39; Jes 27,13). Es wird heute noch zu den hohen jüdischen Feiertagen geblasen.

46 c **3000 Schafe** und 1000 Ziegen hatte der reiche, aber geizige Viehzüchter Nabal, die von Hirten an den Hängen des Karmel-Gebirges gehütet wurden. Die am häufigsten gezüchtete Schafrasse waren die weißen Fettschwanzschafe. (1 Sam 25,2-3)

47 a **Harzartiges Baumöl** Balsam, eines der Geschenke, die die Königin von Saba König Salomo aus ihrem Reich mitbrachte (1 Kön 10,2), wird aus dem Balsamstrauch gewonnen und wurde als Salböl, Räucherwerk, Brennmaterial von Leuchtern, als Schönheits- und Heilmittel und zur Totenbestattung verwendet.

48 b **Vor einem Wolf** ergreift der bezahlte Knecht die Flucht, statt die ihm anvertrauten Schafe zu beschützen (Joh 10,11-13). Die auch in Europa vorkommende Wolfsart machte meist nachts Beute bei den schlafenden Herden.

49 b **mit verdorrtem Gras** Dürres Gras, das man in Israel nicht nur als Sommerfuttermittel verwendete, sondern auch als Brennmaterial, symbolisiert in seiner Kurzlebigkeit die Begrenztheit des Lebens. (Ps 102,12)

50 a **mit dem Blühen der Bäume** Das Austreiben der Bäume ist ein Zeichen für das Kommen des Sommers, so wie die Erfüllung der Prophezeiungen Jesu auf das Kommen des Gottesreiches hinweist. (Lk 21,29-31)

51 c **Klippdachse** (hebr. = sich verbergen), auch als Klippschliefer bekannt, haben die Größe von Kaninchen, aber keinen Schwanz. Sie sind kleine Huftiere, obwohl ihre Lebensweise mehr der der Nagetiere gleicht. Sie sind ausgesprochen scheue Tiere, leben in Kolonien in felsigen Gegenden und stellen den Murmeltieren gleich Wachposten auf, die bei Gefahr durch einen gellenden Schrei warnen. (Spr 30,26)

52 d **mit Koriandersamen** Die weißen Samenkörner der aus Ägypten bekannten Doldenpflanze Koriander, ein Heil- und Würzkraut, ähnelten dem Manna

nur im Aussehen (Ex 16,31). Getrocknet haben sie einen anisartigen Geschmack und werden auch heute zum Backen von Gebäck und Brot verwendet. Die Frage, was Manna (hebr. man-hu = Was ist das?) wirklich war, lässt viel Raum für Vermutungen. Für die Bibel bleibt es ein Wunder.

53 d **Alle Tiere mit Flossen und Schuppen** zählen zu den im Wasser lebenden reinen Tieren und durften deshalb nach den jüdischen Reinheitsgesetzen gegessen werden. So gilt z. B. der Aal, da er Flossen hat, aber keine Schuppen, als unreines Tier. (Lev 11,9-10)

54 c **Eiche** (hebr. = elah) ist hier der Name für die atlantische Terebinthe, dem laubwerfenden Baum mit den gefiederten Blättern, deren niedriger Wuchs Abschalom zum Verhängnis wurde. Bei seiner Flucht verfing er sich mit seinem langen Haar in den Zweigen und wurde von seinem Verfolger Joab getötet. (2 Sam 18,9-15)

55 c **Heuschrecken,** die zur Familie der Insekten gehören, haben keine Königin (Spr 30,27). Besonders die zu den afrikanischen oder ägyptischen Zug-Heuschrecken gehörenden Tiere richten durch ihr massenhaftes Auftreten große Verheerungen an und vernichteten ganze landwirtschaftliche Kulturen. (Ex 10,12-15; Dtn 28,38; Joël 1,4)

56 b **Adam** »Gott, der Herr, formte aus dem Ackerboden alle Tiere des Feldes und alle Vögel des Himmels und führte sie dem Menschen zu, um zu sehen, wie er sie benennen würde. Und wie der Mensch jedes lebendige Wesen benannte, so sollte es heißen. Der Mensch (hebr. = adam) gab Namen allem Vieh, den Vögeln des Himmels und allen Tieren des Feldes.« (Gen 2,19-20)

57 d **Granatäpfel** schmückten, als Zeichen der Fruchtbarkeit und des Segens in zwei Reihen angeordnet, die beiden Kapitelle des salomonischen Tempels, je 200 Früchte an jedem Kapitell (1 Kön 7,18.42). Die Frucht, die sich aus den roten Blüten des Granatapfelbaumes entwickelt, birgt in der harten Schale rote Samenkörner, die jeweils von Saftsäckchen umgeben sind. Aus diesen wird der erfrischende Saft gewonnen, der auch als Herzmittel gilt.

58 c **4000** Pferde, die in den königlichen Ställen untergebracht waren, und 12.000 Reiter, die in eigenen Wagenstädten lebten, legten Zeugnis vom Reichtum Salomos ab (2 Chr 9,25). Erst seit der Zeit König Davids gab es in Israel Pferde, die besonders als

Reittiere für Kriegszwecke gehalten wurden.

59 a **mit einer Eule in Ruinen** Der Vergleich mit der scheuen und nur in der Finsternis aktiven Eule wird in der Bibel als Sinnbild für Verzweiflung und Verwüstung verwendet (Ps 102,7; Jes 13,21). Noch immer leben in Israel viele Eulenarten, dazu gehören die Schleiereule, der Waldkauz und der Uhu.

60 b **Mit Öl und Wein** verwendete der Samariter Heilmittel seiner Zeit: den Wein mit seinem Alkoholgehalt und seiner antiseptischen Wirkung als Desinfektionsmittel und das Öl als lindernde Salbe. (Lk 10,34)

61 c **Mastix,** das gelbliche Harz des Mastixstrauches, in den Bergen von Gilead gewonnen, wurde als ein dem Kaugummi ähnliches Zahnpflegemittel bis nach Ägypten verkauft, wohin die Händler mit dem erworbenen Josef zogen. (Gen 37,25)

62 c **Zypressenholz** Die schlanke, hohe, immergrüne Zypresse liefert ein festes und wohlriechendes Bauholz, das auch nach Noach im Schiffsbau verwendet wurde, besonders bei den seeerfahrenen Phöniziern (Gen 6,14; Ez 27,5). Es ist besseres Baumaterial als Zedernholz.

63 b **Pistazien** sind Nüsse eines der Terebinthe ähnlichen Baumes, die frisch oder getrocknet gegessen werden. Als »beste Erzeugnisse des Landes« waren sie gut dazu geeignet, den Pharao zur Herausgabe des jüngsten Jakobsohnes Benjamin zu bewegen. (Gen 43,11)

64 d **Weizen,** der später aufgeht als die Gerste, wurde durch den Hagel, die siebte Plage, die Gott den Ägyptern schickte, weil der Pharao die Israeliten nicht ziehen lassen wollte, nicht zerschlagen (Ex 9,32). Weizen gehört neben der Gerste mit zu den ältesten und am meisten verbreiteten Kulturpflanzen der Menschheit, wie Funde aus Jordanien (7000 v. Chr.) und Mesopotamien (6500 v. Chr.) belegen.

65 a **Aus Ziegenhaar** wurden elf Decken für das Zelt, das als Stiftshütte der Aufbewahrung der Bundeslade mit den Gesetzestafeln dienen sollte, hergestellt. Eine Decke war dreißig Ellen lang (ca. 14 m) und vier Ellen breit (ca. 2 m). (Ex 36,14-15)

66 a **Ziege** Ziegenhäute mit nach außen gekehrter Innenseite und zugebundenen Öffnungen dienen bis heute als Behälter für Flüssigkeiten (Mt 9,17). Um Wein in einem Schlauch aufzubewahren, musste dieser neu und haltbar

sein, sonst brachte ihn die noch gärende Flüssigkeit zum Platzen.

67 c **Feigen- und Rosinenkuchen,** die durch den hohen Zuckergehalt (bis zu 70 Prozent) in den Trockenfrüchten sehr nahrhaft und schmackhaft waren, brachte Abigajil zu David, um dessen Rache an ihrem undankbaren und geizigen Mann Nabal abzuwenden. (1 Sam 25,17-18)

68 a **Affen und Perlhühner** Alle drei Jahre fuhr die Schiffsflotte von König Salomo mit den Leuten des Hiram, des befreundeten Königs von Tyrus, zur griechischen Stadt Tarschisch, die regen Handel mit Tyrus trieb, und brachte von dort Gold, Silber und Elfenbein sowie Affen und Perlhühner mit. (2 Chr 9,21)

69 a **auf das Nilpferd** Gott zeigte Ijob (Hiob) am Beispiel des Nilpferdes, das sich vor allem von im Wasser lebenden Pflanzen ernährt und sich trotz seiner Körperfülle (bis zu 3000 kg) leicht im Wasser bewegt, die Genialität seiner Schöpferkraft. (Ijob 40,15-18)

70 d **Die 4 römischen Nachtwachen:** Abend (ca. 18-21 Uhr), Mitternacht (21-24 Uhr), Hahnenschrei (0-3 Uhr) und Morgen (3-6 Uhr). Sogar Jesus bezieht sich in seiner Rede über den Mann, der auf Reisen geht, auf diese Zeiteinteilung. Auch bei der Verleugnung des Petrus verweist Jesus auf den Zeitabschnitt des Hahnenschreis. (Mk 13,35)

1 c **Eufrat und Tigris** entsprangen neben den Flüssen Pischon und Gihon im Garten Eden (Gen 2,14). Sie machten das Zweistromland, die fruchtbare Flussoase, zu einem blühenden Garten. Hier stand die Wiege der Zivilisation, die im Altertum das Zuhause der Assyrer, Babylonier und Sumerer war.

2 d **Via Appia** ist der Name der ältesten Römerstraße, auf deren Steinpflaster der Apostel Paulus nach Rom kam. Nach ihrem Erbauer, dem Zensor Appius Claudius Cäsus, wurde die 312 v. Chr. begonnene wichtigste Heeresstraße benannt. Die »Königin der Straßen« wurde später bis Brindisi an der Adria verlängert. Überreste wurden 1850 freigelegt und sind heute noch zu sehen.

3 a **Auf dem Ölberg** verbrachte Jesus seine letzte Nacht vor der Festnahme (Lk 21,37). Der dichtbewachsene Olivenhain lag im Osten Jerusalems, dem Tempel direkt gegenüber. Bei der römischen Belagerung Jerusalems im Jahre 70 erfolgte ein Kahlschlag, bei dem alle Olivenbäume von den Römern gefällt wurden.

4 b **Karmel,** hebr. = Baumgarten, ist ein etwa 20 km langer und bis zu 546 Meter hoher bewaldeter Gebirgszug im Norden Israels, südlich der heutigen Stadt Haifa, wo Elija durch ein Wunder Gottes den Sieg über die Baalspriester davontrug. (1 Kön 18,16-19)

5 c **In der Wüste** hielt sich der Priestersohn Johannes auf, nachdem er sein Elternhaus verlassen hatte (Lk 1,80). Vielleicht könnte damit Qumran gemeint sein, das 22 km Luftlinie von Jerusalem entfernt am Toten Meer liegt, wo die Qumranleute in einer religiösen Gemeinschaft lebten.

6 d **In Rom** kann man in der Basilika »San Paolo fuori le mura« aus dem 4. Jahrhundert, die nach einem Brand 1823 neu errichtet wurde, das Grab des Paulus besuchen. Die Grabplatte trägt die Aufschrift »Paulo«. Der Überlieferung nach soll Paulus 67 n. Chr. in Rom unter Kaiser Nero durch Enthauptung hingerichtet worden sein.

7 b **An die Auferweckung des Lazarus,** nachdem er schon vier Tage im Grab war, soll das Gotteshaus erinnern, das 1954 auf Mauern einer Kirche aus dem 4. Jahrhundert errichtet und Lazarinum genannt wurde. Schriftliche Zeugnisse davon geben u. a. der Pilger von Bordeaux (333), die Pilgerin Aetheria (381-384) und Hieronymus (390).

8 a **Am Jordanfluss,** in der Nähe der Furt Betabara (= Haus der

Furt) am unteren Lauf, könnte die Taufstelle Jesu gewesen sein. Diese Angaben stammen von der ältesten Karte des Heiligen Landes, die als Mosaikboden in der griechischen Kirche von Madaba (Jordanien) aus dem 6. Jahrhundert zu bewundern ist. (Mt 3,13)

9 c **Babel,** die Stadt am Eufrat, ist der Ort, wo nach der Sinflut ein Turm bis zum Himmel gebaut werden sollte. Wegen der Maßlosigkeit der Menschen war das Vorhaben jedoch zum Scheitern verurteilt: Gott verwirrte ihre Sprache und zerstreute sie über die ganze Erde (Gen 11,9). Der Name der Stadt Babel ist ein Wortspiel mit dem babylonischen Wort »babil«, dem hebräischen Wort »babhel« (= Tor Gottes) und dem Wort »balal« (hebr. = verwirren).

10 a **Über Golgota** (hebr. = Schädel), auch Kalvarienberg genannt, wo Jesus durch die Römer hingerichtet wurde, und über dem Garten des Josef von Arimathäa ließ Kaiser Konstantin 336 n. Chr. eine fünfschiffige Basilika bauen, die nach wechselvoller Geschichte zur Grabeskirche Jesu wurde. (Joh 19,17)

11 b **In ein Land, wo Milch und Honig fließt,** nach Kanaan, sollte der Weg führen. Milch und Honig stehen als Symbole für die Fruchtbarkeit des Landes. Es sollte vierzig Jahre dauern, bis die Israeliten nach ihrem Aufbruch aus Ägypten dieses Gelobte Land betreten konnten. (Ex 3,8)

12 a **Auf den See Gennesaret** konnte Jesus blicken, wenn er sich in die Ruhe und Abgeschiedenheit der Berge am Nordwestufer des Sees Gennesaret zurückzog. Zur Erinnerung bauten Franziskaner 1938 hier eine Kirche und nannten sie die Kirche der Seligpreisungen. (Joh 6,15-17)

13 c **Nach dem Kaiser Tiberius** (42 v. Chr. – 37 n. Chr.), seinem römischen Mäzen, benannte Herodes Antipas die Stadt, die er 18 n. Chr in der Nähe heißer Quellen am Westufer des Sees Gennesaret bauen ließ. Da Tiberias zum Teil über einem Friedhof gebaut wurde und dadurch von frommen Juden nicht betreten werden durfte, wird die Stadt in den Evangelien nur am Rande erwähnt. (Lk 3,1)

14 d **In der Wüste Judäa,** die sich westlich vom Toten Meer erstreckt und in steiniges Gebirge übergeht, begann Johannes nach seiner Berufung zum Propheten mit seinem Wirken und rief die Menschen zur Umkehr. Viele kamen und ließen sich taufen,

und Johannes erhielt den Beinamen »der Täufer«. (Lk 1,80)

15 a **Betesda** (hebr. = Haus der Barmherzigkeit) war ein Doppelteich am Schafstor, heute als Löwen- oder Stephanstor bekannt. Zu Betesda gehörten fünf Säulenhallen, von denen eine mitten durch den Teich ging und in der die Kranken lagen. Hier heilte Jesus einen Gelähmten (Joh 5,2). Reste der Anlagen sind bei Ausgrabungen gefunden worden. Außerbiblische Bestätigung fand der Ort in einer Kupferrolle von Qumran.

16 b **Amman,** die Hauptstadt des heutigen Jordaniens, war zur Zeit des Alten Testamentes das Zentrum der Ammoniter (Ri 11,5). Obwohl das Gebiet dem Stamm Gad zugeteilt worden war, behielten die Ammoniter es besetzt, bis Joab, ein General König Davids, es eroberte. Hier fand David Zuflucht vor der Verfolgung durch seinen Sohn Abschalom. Später hieß die Stadt Philadelphia und gehörte zur Dekapolis (Zehnstädtebund).

17 c **An die Brotvermehrung** erinnert die Kirche von Tabgha, die 1981 eingeweiht wurde und auf Grundmauern einer byzantinischen Kirche aus dem 5. Jahrhundert steht. Das Mosaik mit den zwei Fischen und dem Brotkorb weist auf die Speisung der Fünftausend hin, die durch das Wunder der Brotvermehrung möglich wurde. Sie fand am wenig bevölkerten Nordostufer des Sees Gennesaret statt. (Joh 6,1-11)

18 b **Jerusalem** erhielt aus der Gihon-Quelle Wasser, das durch einen Kanal in den Schiloachteich geleitet wurde. Um das zu ermöglichen, ließ Hiskija um 701 v. Chr. einen 540 m langen Tunnel in den Felsen hauen, eine bautechnische Meisterleistung, die die Wasserversorgung der Stadt während einer möglichen Belagerung sicherstellte. Heute noch ist der Tunnel zu besichtigen.

19 c **Durch eine Totenerweckung** des Sohnes einer Witwe ist uns die Stadt Nain (hebr. = die Liebliche) bekannt. Jesus kam mit seinen Jüngern aus dem 35 km entfernten Kafarnaum und begegnete dem Trauerzug vor den Stadttoren bei den Felsengräbern, die noch heute bei dem Dorf Nain zu besichtigen sind. (Lk 7,11)

20 d **Via Maris,** die berühmte Küsten- und Handelsstraße, führte am nördlichen Ufer des Sees Gennesaret vorbei und durchquerte die Jesreel-Ebene. Sie verband Ägypten mit den nördlichen römischen Provinzen, durchlief Damaskus und Mesopotamien.

21 d **Stadt Davids** wurde die Jebusiterfeste, nachdem David sie erobert hatte, genannt. Sie lag auf dem Berg Zion. Nach seinem Sieg über die Jebusiter errichtete David auf dem Berg Moria einen Altar, ließ die Bundeslade aufstellen und baute Jerusalem (Yerushalayim, hebr. = Ort des Friedens) zur Hauptstadt seines Königreiches aus, in der er 33 Jahre lang regierte. (2 Sam 5,9)

22 a **Für den See Gennesaret** gibt es im Alten Testament auch den Namen Kinneret (hebr. = Stätte des Harfengottes), benannt nach der gleichnamigen Stadt am Nordwestufer des 165 Quadratkilometer großen Sees. Heute heißt der See auch wieder so.

23 a **Cäsarea** am Mittelmeer war die Residenzstadt des römischen Statthalters. Herodes ließ die Stadt 22. v. Chr. erbauen. Sie erhielt ihren Namen nach Kaiser Augustus. In der Stadt war auch eine italische Kohorte, die 500 bis 1000 Mann zählte, stationiert. Zu dieser militärischen Einheit gehörte der römische Hauptmann Kornelius. (Apg 10,1)

24 a **Betfage** (aram. = Feigenort) war ein kleines Dorf bei Betanien, an der Ostseite des Ölbergs gelegen. In der rabbinischen Literatur wird Betfage als entlegener Stadtbezirk Jerusalems aufgeführt. Hierher kam Jesus auf seiner letzten Reise nach Jerusalem. (Mt 21,1-2)

25 b **Asien** ist der Erdteil, wo in alttestamentlicher Zeit der Name Ararat für eine bergige Landschaft stand. Der im Altertum bekannte Fluss Araxes war hier zu finden. Nach dem Bericht der Genesis strandete Noach mit seiner Arche in diesem Gebiet (Gen 8,4). Erst viel später hat sich der Name auf einen einzelnen Berg übertragen: Der 5165 m hohe Große Ararat ist der höchste Berg der Türkei, an der Grenze zu Armenien und dem Iran gelegen.

26 c **Tabor,** ein gut sichtbarer, 588 m hoher Berg, wird in Berichten aus dem 4. Jahrhundert als Pilgerberg bezeichnet und soll der Überlieferung nach der Berg der Verklärung sein. Der Pilger von Piacenza schreibt um 570 von drei Basiliken auf dem Berg Tabor. Die Evangelisten dagegen machen überhaupt keine Ortsangaben (Mk 9,2). In der Geschichte Israels wird er als heiliger Berg beschrieben und wird in den Psalmen und im Deboralied besungen (Ri 4,6; 5,2-31; Ps 89,13).

27 d **In Damaskus,** einer der ältesten Städte der Welt, heute Hauptstadt Syriens, durchzieht die Gerade Straße noch immer die Stadt von

Ost nach West, wie zu der Zeit, als Paulus im Haus des Judas zu Gast war, nachdem er bei einer Christusvision auf dem Weg nach Damaskus erblindete. (Apg 9,11)

28 d **Ein Fallwind,** der überraschend auftritt, wird hervorgerufen durch die kältere Luft aus dem Gebirge, die in den im Sommer bis 40 °C heißen Bergkessel, in dem der See Gennesaret liegt, eindringt. Durch die besondere geografische Lage – der See ist mit 212 m unterm Meeresspiegel nach dem Toten Meer der tiefste Punkt der Erde – wird die Intensität der Stürme noch gefördert. (Mt 8,24)

29 b **Das Kidrontal** ist ein enges Tal im Osten Jerusalems zwischen Ölberg und Tempelberg, dessen gleichnamiger Bach nur in der Regenzeit Wasser führt. Es galt als Tal des Gerichts und der Auferstehung und wurde deshalb bereits im Zeitalter der Könige als Begräbnisstätte genutzt (z. B. Felsengrab des Propheten Zacharias). (Joh 18,1)

30 b **In Kafarnaum,** der Stadt am fischreichen See Gennesaret, hatte der Fischer Petrus seine Wohnstätte. Zu seiner Familie, so berichten die Evangelisten, zählten sein Bruder Andreas und seine Schwiegermutter (Mk 1,29-30). 1968 stieß man bei Ausgrabungen auf Ruinen einer Hauskirche der Judenchristen von Kafarnaum aus dem 2. Jahrhundert, die über einem Fischerhaus errichtet wurde. Höchstwahrscheinlich hatte man das Haus des Petrus gefunden.

31 d **Ur,** die Heimatstadt Abrahams in Südbabylon, war eine bedeutende Stadt der Chaldäer (Gen 11,31). Als Kultstadt des Mondgottes Sin besaß sie einen Tempelturm, der gut erhalten bei dem irakischen Basra zu finden ist. Ur hatte durch den Euphrat eine Verbindung zum Persischen Golf, die sie zu einer bedeutenden Handelsstadt machte und der sie Blüte und Reichtum verdankte. Die Ruinen der Stadt wurden 1922–1934 ausgegraben.

32 d **Durch Samaria** führte der kürzeste und direkteste Weg, auf dem man zu Fuß ungefähr drei Tage brauchte, um von Galiläa über Sebaste und Sichem, zwei bedeutende Städte in Samaria, vorbei am Berg Gerazim, dem heiligen Berg der Samariter, nach Jerusalem zu kommen. (Lk 9,51-52)

33 c **Salem** war nach jüdischer Tradition eine Kurzform oder ein geheimer Ausdruck für Jerusalem. In der Genesis wird uns von der Begegnung Abrahams mit

Melchisedek, dem König von Salem, berichtet (Gen 14,18,20). Im Psalm 76 taucht der Name Salem als Ort auf, an dem das Zelt Gottes stand (Ps 76,3).

34 d **»An den Strömen von Babel,** da saßen wir und weinten, wenn wir an Zion dachten«, heißt es in den Psalmen (Ps 137,1). Gemeint ist die Zeit des Ersten Exils der Israeliten (6. Jh. v. Chr.), in der die Weggeführten ihrem Heimweh und ihrer Trauer Ausdruck gaben.

35 a **in der Türkei** In der türkischen Stadt Tarsus, auch heute noch so genannt, erinnert ein Paulusmuseum an den Völkerapostel, der in Tarsus geboren wurde. Die Stadt liegt zwischen Mersin und Adana, nahe dem östlichen Mittelmeer. (Apg 22,3)

36 d **Jafo,** das später den Namen Joppe erhielt, war eine im Altertum bekannte Hafenstadt, in der sich Jona ein Schiff aussuchte, das ihn über das Mittelmeer nach Tarschisch bringen sollte (Jona 1,3). Die Stadt Joppe ist verbunden mit dem Wirken des Apostels Petrus, der längere Zeit bei Simon, einem Ledergerber, blieb. Heute trägt die Stadt den Namen Jaffa und ist ein Vorort von Tel Aviv, in dem sich viele Künstler angesiedelt haben.

37 b **Nach Jericho** war der unter die Räuber geratene Mann im Gleichnis Jesu unterwegs. Er kam von Jerusalem und wollte hinab in die 250 m unter dem Meeresspiegel gelegene Oasenstadt (Lk 10,30). Dazu musste er 1200 m Höhenunterschied meistern und einen Weg nehmen, der ihn durch enge Schluchten und an steilen Felswänden vorbeiführte. Der Name »Blutsteige« (hebr. = Adummim), wie er schon im Buch Josua erwähnt wird (Jos 15,7), zeugte von den Überfällen, die von alters her Räuber hier verübten.

38 a **In Kafarnaum** stand eine Synagoge, in der Jesus oft lehrte. Ihr Synagogenvorsteher Jaïrus bat Jesus um die Heilung seiner schwer kranken zwölfjährigen Tochter (Mk 5,22-23). Auf dem Ausgrabungsgelände von Kafarnaum sind heute noch gut erhaltene Ruinen aus dieser Zeit sichtbar.

39 c **In das Tote Meer,** dessen Wasserspiegel ungefähr 400 m unter NN liegt und somit zum tiefsten Punkt der Erde gehört, fließt der Jordan, aus dem See Gennesaret kommend. Sein hoher Salzgehalt von 26 Prozent verhindert alles Leben, schuf aber zugleich einen idealen Kurort für Asthma- und Dermatitis-Leidende.

40 d **In Myra,** einer Hafenstadt in Lyzien, in der heutigen südwestlichen Türkei, wechselte Paulus mit seinen Gefährten auf ein alexandrinisches Schiff, das ihn als Gefangenen nach Rom bringen sollte (Apg 27,5-6). Die Stadt ist uns heute vor allem bekannt durch den hl. Nikolaus, der hier im 4. Jahrhundert als Bischof wirkte und von dem viele Legenden berichten.

41 d **Horeb** (hebr. = der Dürre, Einsame) wird als der Gottesberg bezeichnet und soll auch der Ort der Gesetzesgebung gewesen sein, wo Mose von Gott die Zehn Gebote erhalten hatte. Vielleicht war Horeb der Begriff für das ganze Gebirge und Sinai der Name für einen Berggipfel. (Ex 3,1-2)

42 b **Am See Gennesaret,** an seinem Westufer, 5 km nördlich von Tiberias, lag die Stadt Magdala. Der Heimatort der Maria Magdalene war in biblischer Zeit wahrscheinlich ein bedeutendes Zentrum des Fischhandels und der Fischverarbeitung, was sich aus seinem jüdischen Namen Migdal Nunaija = Turm der Fische, ableiten lässt. (Joh 20,18)

43 c **Asylstädte** oder auch Freistädte genannt, waren Orte, in denen Menschen, die ohne Absicht zum Totschläger wurden, Schutz vor ihren Verfolgern, die Blutrache forderten, fanden. Bekannte Städte wie Hebron und Sichem erhielten diesen Status. (Dtn 4,41-43; 1 Chr 6,42.52)

44 a **Tyrus,** (hebr. = Fels) eine phönizische Stadt auf einer Felseninsel an der Ostküste des Mittelmeeres, war die Heimat von Isebel. Hier residierte ihr Vater Etbaal als König der Sidonier. Um seine Freundschaft mit Israel zu festigen, verheiratete Etbaal seine Tochter mit König Ahab (regierte 871 bis 852 v. Chr). Durch Isebels Einfluss verbreitete sich der Baalskult in Israel. (1 Kön 16,29-31)

45 d **Negeb** (hebr. = trockenes Land) ist heute ein Wüstengebiet. In biblischer Zeit war es nur stellenweise besiedelt, da es schon damals nur wenige Quellen und geringen Niederschlag gab. Abraham weilte mit seinen Herden dort und grub einen Brunnen, den er Beerscheba, das bedeutet Siebenbrunn oder Eidbrunn, nannte. (Gen 21,31)

46 b **Im Haus eines Pharisäers,** der Simon der Aussätzige genannt wurde und der Jesus zum Essen eingeladen hatte, stieß die Salbung auf Unverständnis. Nach Meinung des Pharisäers, der in Betanien lebte, hätte Jesus die Salbung ablehnen müssen, denn nach jüdischer Tradition macht die Berührung durch Sünder unrein. (Lk 7,36)

47 a **In Jericho,** auch »Priesterstadt« genannt, wohnten viele Leviten sowie Priester des Jerusalemer Tempels. Einer von ihnen, so erzählte Jesus, kam vom Tempeldienst und wollte nach Hause, nach Jericho. Die Stadt, in einer Quelloase westlich des Jordans gelegen, zählt zu den ältesten Städten der Welt. Erste Besiedlungen gab es bereits 9000 v. Chr. Zur Zeit Jesu war sie wegen ihrer üppigen Gewächse und unzähligen Palmen berühmt für ihre Fruchtbarkeit. (Lk 10,30-31)

48 d **Nach Cäsarea** am Mittelmeer wurde Paulus nach seiner Gefangennahme in Jerusalem überführt. Die Stadt war über 500 Jahre lang Sitz der römischen Statthalter. Da Paulus sich auf sein römisches Bürgerrecht berief, wurde er dem Gouverneur Felix überantwortet. Während seiner Haft hatte Paulus die Gelegenheit, vor König Agrippa und dessen Frau Berenike zu reden. (Apg 23,23-35)

49 b **Hermongebirge** heißt das schneebedeckte Gebiet, in dem die drei Quellflüsse Dan, Banias und Hasbani entspringen, die sich zum Jordanfluss vereinen. In der Jordansenke befand sich Johannes' Taufstelle. Der Hermon ist mit 2814 m der höchste Berg Israels und liegt im Grenzdreieck zu Syrien und zum Libanon.

50 c **Im Ägäischen Meer,** an der Westküste vor Milet, befindet sich die 41 km lange Felseninsel Patmos (heute Patmo), die den Römern als Verbannungsort diente. Legendären Berichten zufolge soll Johannes hier in der »Höhle der Offenbarung« seine Visionen geschaut haben. (Offb 1,9)

51 b **In Jerusalem** wurde König David in einem königlichen Gräberfeld begraben. Nach vierzigjähriger Regierungszeit starb König David um 961 v. Chr. Wo genau sich das Königsgrab befindet, ist nicht bekannt. Die Bibel berichtet nur, dass er in der Davidstadt begraben wurde (1 Kön 2,10). Von seiner Grabstätte in Jerusalem geben Nehemia (Neh 3,16) und sogar Petrus in seiner Pfingstpredigt (Apg 2,29) Zeugnis. Heute wird das Grab Davids der Tradition nach auf dem Zionsberg verehrt.

52 a **Einen Garten in der Wüste** meint die Bezeichnung »Garten in Eden«, der mit dem Paradies gleichzusetzen ist. Aus dem Sumerischen kommend, hat Eden die Bedeutung von Wüste. Im zweiten Kapitel des Genesisbuches ist die Rede davon, dass Gott in Eden einen Garten anlegte. Geografisch lässt sich der Ort nicht festlegen. (Gen 2,9)

53 b **Im Jordan** sollte sich der Feldherr Naaman auf Geheiß des Propheten Elischa siebenmal waschen, was er aber erst nach Widerstreben tat. Dem syrischen Heerführer aus Damaskus war es unverständlich, dass diese einfache Handlung ihn vom Aussatz heilen sollte. Erst auf nachhaltiges Drängen seiner Diener stieg er in den Fluss und wurde geheilt. (2 Kön 5,9-14)

54 a **Betlehem,** der Geburtsort Noomis, wurde für die Frauen nach dem Tod ihrer Männer im Grünland Moab eine neue Heimat (Rut 1,19). Dort heiratete Rut Boas, einen Verwandten Noomis, und wurde so zur Urgroßmutter König Davids.

55 a **Ephesus,** am Mündungsfluss Kaystros zur Ägäis gelegen, beherbergte viele Silberschmiede und Händler, die von der Herstellung und dem Verkauf kleiner Tempel der Artemis lebten. Sie sahen durch Paulus' Wirken ihr Gewerbe in Gefahr. Deshalb stachelte der Silberschmied Demetrius seine Berufskollegen zum Aufruhr gegen Paulus an (Apg 19,24-27). Heute kann man sich auf dem Ausgrabungsgelände in der Nähe des türkischen Selcuk ein gutes Bild von dem antiken Ephesus machen.

56 b **Vom Libanon,** dem Gebirgswall nördlich von Israel, erbat König Salomo Zedernholz für den Bau des Tempels in Jerusalem vom König Hiram von Tyrus (2 Chr 2,2-7). Schon sein Vater David erhielt von Hiram, mit dem er befreundet war, das widerstandsfähige Holz der bis zu 30 m hohen Libanon–Zeder für den Bau seines Palastes.

57 d **In Troas,** einer Stadt an der Küste der Ägäis, erhielt Paulus auf seiner zweiten Missionsreise in einer Vision den Ruf, nach Mazedonien zu kommen. Von Troas aus nutzte Paulus den kurzen Seeweg, um von Kleinasien nach Europa zu reisen. Die Hafenstadt war wegen ihrer günstigen Lage und des milden Klimas als »Tor nach Europa« bekannt. Bei der Rückkehr von seiner dritten Missionsreise hielt sich Paulus sieben Tage in Troas auf. (Apg 16,8-11; 20,5-12)

58 b **See von Tiberias** nannte der Evangelist Johannes in seinen Berichten von der wunderbaren Speisung und der Begegnung mit dem Auferstandenen den See

Gennesaret (Joh 6,1; 21,1). Mit diesem Namen, der auch in der rabbinischen Literatur zu finden ist, nimmt Johannes Bezug auf die gleichnamige größte Stadt am Westufer. Tiberias wurde zur Zeit Jesu von Herodes Antipas zwischen 17 und 22 n. Chr. zur Hauptstadt Galiläas erhoben. Die anderen Evangelisten sprechen vom »See von Galiläa«.

59 c **In Pergamon,** seit 129 v. Chr. Hauptstadt der römischen Provinz Asien, herrschte wie in kaum einer anderen Stadt der heidnische Kaiserkult vor. Als Thron des Satans könnte Johannes die römischen Machthaber gemeint haben, die die Bürger verpflichteten, den Kaiser wie einen Gott anzubeten, und damit die Christen in Konflikt brachten. Vielleicht meinte er auch den Roma- oder Augustustempel, wo dem Kaiser Opfer gebracht werden mussten. (Offb 2,13-13)

60 d **In Cäsarea** fand man 1959 bei Ausgrabungen eines römischen Theaters einen 60 x 80 cm großen Stein, der zur Stufe gehauen worden war. Die verwitterte lateinische Inschrift ».....S... TIBERIEVM ...TIVS PILATVS ...ECTVS JVDA... E .E...« gibt Zeugnis davon, dass Pontius Pilatus hier als Präfekt von Judäa residierte. In der Zeit von 26 bis 36/37 n. Chr. war er der fünfte Prokurator, ein brutaler Herrscher und der Mann, der über Jesus von Nazaret das Todesurteil sprach. (Mk 15,1-3;15)

61 c **Rom** musste das Ehepaar Priszilla und Aquila, wie alle Juden der Stadt, aufgrund eines Erlasses des Kaisers Klaudius aus dem Jahre 49/50 n. Chr. verlassen. Sie wählten die griechische Stadt Korinth als neuen Wohnsitz, wo sie den Apostel Paulus kennen lernten, der auf seiner zweiten Missionsreise achtzehn Monate bei ihnen wohnte. (Apg 18,2)

62 b **Goschen** lag im östlichen Nildelta und war ein sehr fruchtbares Weideland, das die Brüder Josefs und ihre Familien bewohnen sollten, weil sie wegen einer Hungersnot Kanaan verlassen mussten. Nur im besten Teil des Landes sollten die Angehörigen des vom Pharao geehrten Josef leben. (Gen 47,5-6)

63 a **Megiddo** war eine antike Stadt in Nord-Palästina, etwa 35 km westlich des Jordans, die König Salomo zu einer Festung ausbauen ließ. Sie lag am Rande der Jesreel-Ebene, die in der Geschichte Israels wiederholt zum Kriegsschauplatz wurde. Hier wurde König Joschija von ägyp-

tischen Bogenschützen tödlich getroffen, als er sich gegen Pharao Necho stellte. (2 Kön 23,29-30)

64 d **Kafarnaum,** die Stadt zwischen den Herrschaftsgebieten von Herodes Antipas und dem Vierfürsten Philippus, hatte eine Zollstation, in der Zollpächter, so auch Levi, den Zoll für Fische und die Waren aus der griechischen Dekapolis (Zehnstädtebund) einnahmen. Die Zöllner waren bei den Juden verhasst, weil sie für die Römer arbeiteten, und wurden deshalb gemieden. Doch Jesus setzte sich darüber hinweg, ging zur Zollstation und rief Levi in seine Nachfolge. (Mk 2,13-17; Lk 5,27-32)

65 b **Kusch** war der biblische Name für Äthiopien (Nubien), das im südlichen Niltal von Ägypten lag. Es soll den Nachkommen des gleichnamigen Enkels Noachs, des Sohnes Hams, gehört haben. Sein Gebiet umfasste den heutigen Sudan sowie Teile Äthiopiens. (2 Kön 19,9)

66 b **In Sichem,** einer Stadt im Gebirge Efraim, nördlich von Jerusalem und direkt an einer großen Handelsstraße, ist das Grab Josefs zu finden. Josef starb in Ägypten. Zuvor mussten die Söhne Josefs schwören, seine Gebeine mit in das Land seiner Väter zu nehmen. Sie erfüllten ihr Versprechen und begruben die Gebeine Josefs auf dem Grundstück, das dessen Vater Jakob erworben hatte. (Gen 50,24-26; Jos 24,32)

67 c **Auf Sizilien** lag im Südosten die Hafenstadt Syrakus, die von den Griechen gegründet und zu Beginn des 3. Jh. v. Chr. von den Römern erobert wurde. Hier verbrachte Paulus drei Tage bis zu seiner Weiterreise nach Rom, wo er vor den kaiserlichen Richterstuhl gestellt werden sollte. (Apg 28,12)

68 a **Ninive** am Tigris, von Nimrod gegründet, wurde von Sanherib, der von 705 bis 681 regierte, zur Hauptstadt Assyriens gemacht. Unter seiner Herrschaft entstanden große Straßen, Plätze und Gärten sowie ein prachtvoller Palast. 612 v. Chr. wurde die Stadt durch die Babylonier und Meder zerstört. Noch heute kann man Ruinenreste der einstigen Stadt gegenüber der irakischen Stadt Mosul finden. (Gen 10,11; 2 Kön 19,36)

69 c **Izmir,** heute eine Millionenstadt an der türkischen Ägäis, wurde als Hafenstadt Smyrna von Alexander dem Großen an der Westküste Kleinasiens erbaut. Wahrscheinlich hat Paulus während seiner Zeit in Ephesus die Gemeinde in Smyrna

gegründet, an die dann Johannes eines seiner sieben Sendschreiben schickte. (Apg 20,2; Offb 2,11)

70 **b Cäsarea Philippi** war eine alte Stadt am südlichen Fuße des Hermonberges. Als Jesus mit den Jüngern in dieser Gegend war, legte Petrus sein Messiasbekenntnis ab (»Du bist der Messias, der Sohn des lebendigen Gottes!«), und Jesus sagte zu ihm: »Du bist Petrus, und auf diesen Felsen werde ich meine Kirche bauen.« (Mt 16,13-20)

1 a **Hebräisch,** die Ursprache des Alten Testamentes, war ungefähr vom 12. Jh. v. Chr. bis 300 v. Chr. eine lebendige Sprache, die dann vom Aramäischen abgelöst wurde. Als heilige Sprache der jüdischen Religion ist sie aber bis heute erhalten geblieben.

2 b **Griechisch** Das Neue Testament ist uns in Griechisch überliefert. Die Sprache wurde durch die militärischen Expeditionen Alexanders im ganzen Orient verbreitet, fasste später auch im Abendland und in Rom Fuß und wurde zur allgemeinen Geschäfts-, Amts- und Umgangssprache. In den Evangelien und den Paulusbriefen existieren einige aramäische Zitate und Ausdrücke, die auf die Umgangssprache zur Zeit Jesu hinweisen.

3 d **Martin Luther** (1483–1546) trat 1505 in Erfurt in den Augustinerorden ein. Er wurde 1513 zum Theologieprofessor nach Wittenberg berufen, wo er durch seine Einstellung zum Ablasshandel in Konflikt mit Rom geriet. Ab 1521 beschäftigte sich Luther mit der Übersetzung der Bibel ins Deutsche.

4 b **Einheitsübersetzung** Die deutsche katholische Bischofskonferenz verabschiedete 1979 eine Bibelübersetzung für den deutschsprachigen Raum. Für das Neue Testament sowie die Psalmen wurde diese Übersetzung auch von der evangelischen Kirche anerkannt.

5 a **Mündlich** wurden Gotteserlebnisse und Gotteserfahrungen von Generation zu Generation weitergegeben. Am Feuer, unter dem Baum, im Zelt und auf der Wanderung wurden die Geschichten von Gott mündlich überliefert. Erste schriftliche Aufzeichnung gab es vermutlich ab dem 10. Jh. v. Chr. (Könige David und Salomo).

6 c **Auf die Ausgießung des Heiligen Geistes** am 50. Tag nach Ostern auf die in Jerusalem versammelte Jüngerschar geht das Fest zurück, das auch als Gründungstag der christlichen Gemeinde gefeiert wird. (Apg 2,1-4)

7 a **Johannes Gutenberg** (um 1399 bis 1468), eigentlich Johannes Gensfleisch zum Gutenberg, erfand 1450 in Mainz den Buchdruck mit beweglichen Lettern aus Metall. Erst durch seine Erfindung konnte die Bibel zum meistgedruckten Buch der Welt werden.

8 a **Auf der Wartburg bei Eisenach** übertrug Martin Luther, der vom Papst gebannt und vom Kaiser geächtet war, in nur elf Wochen das Neue Testament ins Deutsche.

Es erschien 1522 unter dem Namen »Septembertestament«. Schon bald waren die 3000 Stück der ersten Auflage trotz des hohen Preises vergriffen, sodass bereits im Dezember eine zweite revidierte Auflage, das »Dezembertestament«, erschien.

9 c **das Bild** Die Armenbibeln (Biblia pauperum), von Augustiner- und Benediktinermönchen entwickelt, waren für die »Armen im Geiste« gedacht, d. h. für die Mönche, Kleriker und Laien, die kein Latein oder überhaupt nicht lesen konnten. Um ein Bild aus dem Neuen Testament waren dabei jeweils zwei entsprechende »typologische« Bilder aus dem Alten Testament angeordnet.

10 a **Aus Gold und Silber** wurden die Schekel, die als Münzen und gleichzeitig als Gewichte (1 Schekel entsprach 11,5 g) dienten, hergestellt. Noch heute heißt die Währung in Israel Schekel.

11 c **Die Höhlen von Qumran** waren der Aufbewahrungsort von Tonkrügen, in denen beschriebene Lederrollen, darunter Texte aus dem Buch Jesaja, fast 2000 Jahre überstanden. Heute werden diese Texte in einem eigenen Museum in Jerusalem aufbewahrt, dessen äußere Gestalt einem Tonkrugdeckel nachempfunden wurde.

12 c **Aramäisch** ist eine semitische Sprache, die 1000 v. Chr. entstand und zur Zeit Jesu gesprochen wurde. Mit dem Aufkommen des Islam wurde sie im 7. Jh. durch die arabische Sprache verdrängt. Einige aramäische Ausdrücke sind in das in Griechisch verfasste Neue Testament eingegangen.

13 a **Ein Beduinenjunge,** mit Namen Mohammed Ad-Dib, soll bei der Suche nach einer entlaufenen Ziege in den Kalkfelsen am Nordwestufer des Toten Meeres, bei Qumran, auf eine Höhle gestoßen sein, in der Tonkrüge versteckt waren. Diese enthielten in Leinwand gewickelte Lederrollen, die sich später als uralte Schriftrollen mit Bibeltexten herausstellten.

14 d **Vulgata** (lat. = »die allgemein Verbreitete«) Der Kirchenvater Hieronymus (um 347–420) übersetzte das Alte Testament direkt aus dem Hebräischen in das gesprochene Latein seiner Zeit. Das Neue Testament und zusätzlich in einer zweiten Fassung die Psalmen übersetzte er aus dem Griechischen.

15 b **um ein Gewicht** Das Talent, eines von zwei im Neuen Testament genannten Gewichten, war die Recheneinheit für 60 Minen = 3600 Schekeln á 11,5 g. Damit

bezeichnete ein Talent ein Gewicht von ca. 41 kg. (Mt 25,15)

16 b **am Mond** Das jüdische Jahr basiert auf dem Mondzyklus. Ein Monat ist die Zeit zwischen zwei Vollmonden. Die Länge der Jahre verändert sich zwischen 353 – 355 Tagen. In periodischen Abständen, im Schaltjahr, muss ein 13. Monat eingeschoben werden, damit sich der Jahresanfang nicht verschiebt.

17 c **7** Arme gingen von dem Fuß des Leuchters aus, an deren Enden sich Vertiefungen für Öllampen befanden. Die Zahl 7 spielte bei den Israeliten eine große Rolle, was seinen Ursprung in der sieben Tage dauernden Erschaffung der Welt hat.

18 a **Gutenbergbibel** Johannes Gutenberg druckte 1452–1456 eine 42-zeilige Bibel in lateinischer Sprache, ein typografisches Meisterwerk. Von der Auflagenhöhe von etwa 180 Stück sind heute noch 49, teilweise fragmentarisch, erhalten, 12 davon sind auf wertvollem Pergament gedruckt.

19 a **Genesis** (griech. = Entstehung), aus der Septuaginta stammend, bezeichnet das erste Buch der Bibel, weil es von der Entstehung der Welt, der Menschheit und des Volkes Israel erzählt.

20 a **73** einzelne Bücher sind in der Einheitsübersetzung der Bibel (griech. biblia = Bücher) wie in einer Bibliothek zusammengefasst: 46 Bücher im Alten und 27 Bücher im Neuen Testament.

21 a **Der Codex Vaticanus** ist die älteste Abschrift einer in griechischer Sprache erhaltenen Vollbibel. Er entstand um 325-350 n. Chr. in Ägypten. Die Pergamenthandschrift gehört heute zu den großen Schätzen der vatikanischen Bibliothek. Schon vor 1475, dem Jahr der Katalogisierung der Bibliothek, war der Codex Vaticanus hier zu finden.

22 d **Das Maß** bezeichnet in der Offenbarung des Johannes ein Hohlmaß für feste Stoffe, das annähernd einen Liter fasste. Es wurde besonders zum »Wiegen« von Getreide verwendet. Ein Maß fasste 1,3 kg Getreide. (Offb 6,6)

23 a **Der Schabbat** (Sabbat) ist nach dem Schöpfungsbericht der siebte Tag. »Und Gott segnete den siebten Tag und erklärte ihn für heilig, denn an ihm ruhte Gott …« (Gen 2,3). Der Schabbat hat als einziger Tag einen Namen – die anderen sind lediglich nummeriert –, und er gilt im Judentum bis heute als Ruhe- und Feiertag. (Ex 20,8-10)

24 d **Exegese** (griech. exegesis = Erklärung) ist der wissenschaftliche Begriff für die Textarbeit und

-interpretation der Bibel. Die biblische Exegese will die Heilige Schrift mit wissenschaftlichen Mitteln auslegen und theologisch interpretieren.

25 c **Westmauer** Von der Anlage des Herodianischen Tempels in Jerusalem blieb nach der Zerstörung durch die Römer (70 n. Chr.) nur die Westmauer (auch Klagemauer genannt) erhalten. Sie ist das wichtigste Heiligtum der Juden und Anziehungspunkt für Menschen aus aller Welt.

26 c **Matthias Grünewald,** eigtl. Mathis Gothart Nithart (1480 bis 1528), malte im Auftrag des Antoniter-Klosters in Isenheim die beeindruckenden Bilder für den Flügelaltar, der heute im Museé Unterlinden im elsässischen Colmar zu besichtigen ist. Seine Bilder sind von großer leidenschaftlicher Religiosität.

27 a **Miniatur** (lat. minium = Zinnoberrot) ist sehr fein gemalter Schmuck von Handschriften in Form von Initialen, Randzeichnungen und Bildern, der viele Bibeln des Mittelalters zierte (z. B. die Gumpertsbibel aus dem Salzburger Kloster).

28 b **katholische Briefe** (griech. = allgemein) Als Verfasser werden Petrus, Johannes, Jakobus und Judas genannt. In den Briefen geht es um die wahre Lehre, das Gemeindeleben und die Gestaltung des persönlichen Lebens. Sie sind nicht für bestimmte Gemeinden oder einzelne Personen bestimmt, sondern »allgemein«, also für die ganze Kirche.

29 d **Königin Ester,** auch Hadassa genannt, der ein biblisches Buch gewidmet ist, rettete als Jüdin und Frau von König Artaxerxes ihr Volk vor der Vernichtung in Persien (Est 9,20-32). Dies ist der Hintergrund des Purimfestes, das ähnlich unserem Karneval in heiterer und ausgelassener Weise begangen wird. Außerdem ist es zu Purim ein Gebot, den Armen zu spenden.

30 d **Mit Fasten und Ruhen** soll das heiligste jüdische Fest als Sühne- und Bußtag im Herbst begangen werden. Von einem Sonnenuntergang bis zum nächsten ist Enthaltsamkeit von allen Nahrungsmitteln und Getränken geboten. Die Menschen bitten Gott um Vergebung für ihre Sünden und versuchen, sich auch mit ihren Bekannten und Nachbarn zu versöhnen (Lev 23,32)

31 a **Septuaginta** (lat. = siebzig) Nach der im Aristeasbrief überlieferten Legende sollen 72 jüdische Übersetzer (sechs aus jedem der zwölf israelischen Stämme)

unabhängig voneinander in 72 Tagen die Hebräische Bibel ins Griechische übersetzt haben. Am Ende hatten alle den gleichen Text erhalten. Die Septuaginta entstand im 3. Jh. v. Chr.

32 a **Nova Vulgata** heißt die Neuedition der Vulgata. Papst Paul VI. gab nach dem Zweiten Vatikanischen Konzil die Anweisung, eine moderne Version der lateinischen Bibelübersetzung zu schaffen. Das Ergebnis war die Nova Vulgata, die 1979 erschien.

33 c **Salomo,** König von Israel, ist neben anderen biblischen Personen (z.B. Josef = Yusuff, Abraham = Ibrahim und Jesus = Isa) mit etwas verändertem Namen auch im Koran (arab. = Lesung, Rezitation) zu finden. Die »heilige Schrift« des Islam erschien 650 n. Chr. und beinhaltet die wichtigsten Glaubens- und Rechtsgrundlagen.

34 d **40** Diese Zahl kennzeichnet häufig den Zeitraum für bedeutende Ereignisse wie die 40 Tage dauernde Sintflut, die Zeit der 40-jährigen Wüstenwanderung, den 40-tägigen Verbleib Jesu in der Wüste (Gen 7,12; Num 32,13; Mk 1,13). Die Zahl 40 gibt insbesondere die Dauer einer Generation an.

35 c **Wulfila** (um 311–383), auch Ulfilas genannt, der Bischof der Goten, schuf das gotische Alphabet und übersetzte die Bibel aus dem Griechischen in die gotische Sprache. Der Codex Argenteus enthält Fragmente der Wulfila-Bibel und gilt als ältestes germanisches Schriftzeugnis.

36 b **2 Verse** Psalm 117 ist der kürzeste Psalm der Bibel, ein Aufruf an die Völker und Nationen, Gott wegen seiner ewigen Treue zu den Menschen zu loben: »Lobet den Herrn, alle Völker, preist ihn, alle Nationen! Denn mächtig waltet über uns seine Huld, die Treue des Herrn währt in Ewigkeit. Halleluja!« (Ps 117)

37 a **Marc Chagall** (1887–1985) beschenkte die Stadt Nizza/Frankreich 1973 mit dem »Musée National Message Biblique Marc Chagall«, in dem seine berühmten biblischen Gemälde, z. B. »David mit der Harfe« zu sehen sind.

38 a **Ben Hur,** der als junger jüdischer Adliger eng mit der Geschichte Jesu verbunden ist, steht im Mittelpunkt des 1959 mit elf Oscars geehrten Monumentalfilmes. Die Vorlage dazu lieferte der Roman des amerikanischen Schriftstellers Lew Wallace (1827–1905).

39 d **Robert Etienne,** der französische Buchdrucker, brachte 1551 ein griechisch-lateinisches Neues Testament heraus, in dem erstmals eine Verseinteilung auftauchte. Diese hatte er auf der Reise von Paris nach Lyon geschaffen. Sie ist nicht immer gut und trägt die Spuren ihrer Entstehung im Reisewagen an sich, doch sie setzte sich schnell durch; daher behielt man sie aus praktischen Gründen bei.

40 c **Paulusbriefe** Die Briefe des Paulus gelten als die ältesten christlichen Schriften. Sie entstanden um 50 n. Chr., noch bevor die mündlich weitergegebenen Geschichten über Jesus als Evangelien aufgeschrieben wurden.

41 a **Zwischen zwei Sonnenuntergängen** lag ein Tag, wie es im Schöpfungsbericht zu lesen ist (Gen 1,5). So beginnt z. B. der Sabbat mit dem Sonnenuntergang am Freitag und endet mit dem Sonnenuntergang am Samstag.

42 b **William Shakespeare** (1564–1616), englischer Schriftsteller, Dichter und Schauspieler, bezieht sich in seinen Werken oft auf die Bibel. Seine Lieblingsbücher waren die Bücher Genesis und Ijob (z. B. in »König Lear«).

43 b **David** 1118-mal kommt der Name Davids, der von 1010 bis 970 v. Chr. König in Israel war, in den Geschichtsbüchern, den Psalmen und sogar im Neuen Testament vor. Abraham wird etwa 350-mal, Jesus etwa 1080-mal und der Name Petrus nur etwa 200-mal genannt.

44 a **Lukasevangelium,** benannt nach seinem Verfasser, einem Arzt und Begleiter des Paulus, ist mit 1151 Versen die längste Schrift des Neuen Testamentes, obwohl es nur 24 Kapitel hat. Es wurde vermutlich 80–90 n. Chr. in Kleinasien oder Griechenland niedergeschrieben.

45 b **Kapiteleinteilung** Stephen Langton (ca. 1150–1228), Theologieprofessor in Paris, später Erzbischof von Canterbury und Kardinal, nahm 1206 für eine Vulgata-Ausgabe die Gliederung der Bibel in Kapitel vor, die wir heute noch benutzen.

46 d **Michelangelo Buonarrotti** (1475–1564), florentinischer Maler und Bildhauer, schuf die 4,43 Meter hohe Marmorskulptur des biblischen Helden, die am 8. September 1504 auf dem Piazza della Signoria in Florenz enthüllt wurde. 1527 büßte sie bei Bürgerunruhen den linken Arm ein. Man sollte sich in Florenz übrigens nicht von den vielen »falschen« Davids täuschen lassen. Der echte David steht seit 1882 in der »Galleria dell' Accademia«.

47 b **27** Bücher zählt das Neue Testament, dessen Kanon im Jahr

382 auf der »Synode von Rom« als verbindlich festgelegt wurde: die vier Evangelien nach Matthäus, Markus, Lukas und Johannes, die Apostelgeschichte, 14 paulinische und sieben katholische Briefe und die Offenbarung des Johannes.

48 b **Pessach** (griech. pascha) gehört zu den drei Pilgerfesten zu Beginn des Frühlings, an dem sieben Tage lang nur ungesäuertes Brot (Matzen) gegessen wird, so wie bei der Flucht der Israeliten aus der ägyptischen Sklaverei. (Ex 34,18; Lk 22,1)

49 a **»Die Erschaffung Adams«** ist eine der neun Szenen des Deckenfreskos der Sixtinischen Kapelle im Vatikan, die Michelangelo (1475–1564) in vier Jahren schuf. Das 1510 beendete Werk im Stil der Hoch-Renaissance hat eine Größe von 5,80 x 2,80 Metern.

50 c **Charlton Heston** (geb. 1924), amerikanischer Schauspieler, übernahm mehrmals Rollen in Filmen zu biblischen Themen, so die Rolle des Mose in »Die Zehn Gebote«, die Johannes' des Täufers in »Die größte Geschichte aller Zeiten« (1965) und die Hauptrolle in »Ben Hur« (1959, Oscar).

51 c **1000** Doppelschritte zählte eine römische Meile, das Längenmaß für etwa 8 Stadien, ca. 1,5 Kilometer (Mt 5,41). Entlang der Römerstraßen konnte man auf den aufgestellten Meilensteinen lesen, wie viele Meilen es bis zur nächsten Stadt waren.

52 d **Im Herbst,** im September oder Oktober, nach jüdischem Kalender am ersten Tag des Monats Tischri, begann nach der Erntezeit das neue Jahr mit dem Fest Rosch Haschana, was »Kopf des Jahres« bedeutet. In der Bibel ist vom »Tag des Posaunenschalls« zu lesen, denn am jüdischen Neujahrstag wird das Schofar – ein einfaches, aus einem Widderhorn gefertigtes Musikinstrument – geblasen.

53 c **Katharinenkloster** In einem Papierkorb des griechisch-orthodoxen St. Katharinenklosters auf der Sinai-Halbinsel entdeckte der Theologe Konstantin von Tischendorf (1814–1874) im Jahre 1844 eine auf 127 Pergamente geschriebene Bibelhandschrift aus der ersten Hälfte des 4. Jahrhunderts.

54 c **Psalm 119** ist ein alphabetischer Psalm mit 176 Versen. Die 8 Verse jeder Strophe beginnen jeweils mit einem der 22 Buchstaben des hebräischen Alphabetes.

55 c **3** verschiedene Währungen Das jüdische Geld war der Schekel, eine Silbermünze, mit der die Tempelsteuer bezahlt wurde. Als

griechische Provinzwährung galt die Drachme. Die römische Reichswährung bestand aus dem bronzenen As, dem silbernen Denar und der goldenen Aureus. Alle drei waren gültige Zahlungsmittel.

56 b **Johannes Mentelin** (1410 bis 1478) war der erste Drucker, der 1466 eine Bibel in deutscher Sprache herausgab. Er tat dies unter Lebensgefahr, denn seit dem Konzil von Toulouse 1229 gab es ein striktes päpstliches Verbot, die Bibel oder Teile daraus in irgendwelche Landessprachen zu übersetzen. Nur der lateinische Text der Vulgata war erlaubt.

57 d **Konzil von Trient,** auch bekannt unter Tridentinum oder Tridentinisches Konzil, fand in der norditalienischen Stadt zwischen 1545 und 1563 statt. Nach einer Überarbeitung des lateinischen Textes legte das Konzil in der Kirche Santa Maria Maggiore 1546 fest, dass die Vulgata die grundlegende lateinische Bibelübersetzung ist.

58 c **Gideon** Drei Handelsreisende aus Janeswille/USA gründeten 1899 den Gideonbund, benannt nach einem der Richter Israels (Ri 6,11–8,32), der jährlich Millionen von Bibeln vertreibt (z. B. in Hotels, Schulen und Krankenhäusern).

59 a **Auf die Wüstenwanderung,** die Zeit, als die Israeliten 40 Jahre in Zelten oder »Laubhütten« (hebr. = Sukka) wohnten, bezieht sich das siebentägige Laubhüttenfest, das im Frühherbst, am Ende der Oliven- und Weinernte vom 15. bis 22. Tischri, gefeiert wird. (Dtn 16,13)

60 b **Kopisten** In den klösterlichen Schreibstuben (Skriptorium) schrieben die Mönche mit Schreibfeder Wort für Wort ab und fertigten so eine »Kopie«, deshalb der Name Kopisten. Die Mönche schrieben mit Gänsefeder und Tinte auf Pergament.

61 b **Georg Friedrich Händel** nahm den Richter Jiftach (Jephta) als Hauptfigur für sein Oratorium, bei dessen Komposition er erblindete. Das Werk erzählt das Drama eines tief gläubigen Menschen, dessen Gelübde seinem Volk die ersehnte Freiheit bringt, ihn selbst aber dazu zwingt, sein einziges Kind zu opfern. (Ri 11,29-40.

62 d **2355** Diese Zahl wurde am 31. 12. 2003 vom Weltbund der Bibelgesellschaften (United Bible Societies) herausgegeben. Die Bibel ist damit das meist übersetzte Buch der Welt. Die Tatsache, dass noch zu Anfang des 19. Jahrhunderts nur in 68 Sprachen Bibelübersetzungen existierten,

zeigt, welch enorme Arbeit die nationalen Bibelgesellschaften und ihr Weltbund geleistet haben.

63 c **414** Übersetzungen der Bibel in lebende Sprachen gab es laut Weltbund der Bibelgesellschaften zum Stichtag 31. 12. 2003. Das Neue Testament wurde vollständig in 1068 Sprachen übersetzt. Übersetzungen von einzelnen biblischen Büchern gibt es in 873 Sprachen.

64 c **7 x 5 mm** sind die Maße der Bibel, die ein junger Mann 1997 auf dem Dachboden seines Elternhauses im westböhmischen Stribo (Mies) fand. Es handelt sich um einen tschechischen Druck aus dem Jahr 1857, der in Frakturschrift gefertigt wurde.

65 c **Die Brüder Lumière** – Louis und Auguste – inszenierten nur zwei Jahre nach der Erfindung des Films (1895) ihren 13 Minuten langen Film »Leben und Passion Jesu Christi«. In dreizehn Szenen von je einer Minute Dauer werden Stationen der Kindheit, der Passion und Auferstehung Christi dargestellt.

66 b **Josef und seine Brüder** Von 1933 bis 1943 schrieb Thomas Mann (1875–1955) die Josef-Tetralogie, bestehend aus »Die Geschichten Jakobs«, »Der junge Joseph«, »Joseph in Ägypten« und »Joseph, der Ernährer«.

67 a **Obadja** zählt zu den zwölf kleinen Propheten. Das gleichnamige, ihm zugeschriebene Buch ist das düsterste und mit seinen 21 Versen auch das kürzeste Buch des Alten Testamentes. Wahrscheinlich ist das Buch kurz nach der Zerstörung Jerusalems (587 v. Chr.) entstanden, über den Propheten selbst ist nichts bekannt.

68 b **»Moses und Aron«** lieferten mit ihrer Lebensgeschichte aus alttestamentlicher Zeit den Stoff für die Oper, die 1930–1932 von Arnold Schönberg (1874–1951) im Stil der so genannten »Zwölfton-Musik« geschaffen wurde. Das Werk erzählt den gemeinsamen Lebensweg der Brüder von Moses Berufung am Dornbusch bis zu Aarons Tod. Die Oper, deren dritter Akt unvollendet blieb, wurde 1954 uraufgeführt.

69 b **Nabucco,** 1842 in Mailand uraufgeführt, hat das biblische Thema des Befreiungskampfes der Israeliten gegen die babylonische Unterdrückung zum Inhalt, um die Sehnsucht eines gedemütigten Volkes nach Freiheit und Unabhängigkeit musikalisch zum Ausdruck zu bringen. Die Oper bedeutete für Giuseppe Verdi (1813–1901) den musikalischen Durchbruch, nicht zuletzt, weil die Zuhörer auch die politische Bot-

schaft verstanden, die mit dieser Oper verbunden war: der Wunsch nach Befreiung und Einigung Italiens, das damals fast ganz unter österreichischer Herrschaft stand.

70 a **als Papyrusfetzen** Der englische Papyrusforscher C. M. Robert entzifferte 1934 auf einen beidseitig beschriebenen Papyrusfetzen aus Ägypten Verse aus dem Johannesevangelium. Das 6 x 9 cm handtellergroße Bruchstück, P 52 genannt, stammt aus einer kleinen Stadt am Nil. Robert datierte die Handschrift auf 100 bis 125 n. Chr. Es ist somit der älteste neutestamentliche Fund.

A

B